日本留学試験
速攻トレーニング
聴読解編

● はじめに ●

　2002年から始まった日本留学試験は2010年に改定され、日本語科目が再編されました。本書は、その新しい改定内容に基づいた日本語科目の試験対策問題集です。

　日本留学試験は、日本の大学（学部）等に留学生が入学する際に受験する試験です。大学によって、日本留学試験を入学選考として利用したり、各大学の個別の試験ではなく日本留学試験の成績などを主な判断材料として合否を決めます（渡日前入学許可）。日本留学試験でよい成績を取ることが、日本での留学を成功させるための第一歩になります。ですので、日本留学試験対策の勉強は計画的に着実に進めてください。試験対策で大切なのは、本番と同形式の問題をたくさん解いて問題形式に慣れるとともに、制限時間内に問題を解く実践力を身に付けることです。「本書の使い方」と「基礎編」をよく読んでください。

　日本の大学へ留学を希望する国内外の多くの人たちにとって、この問題集が少しでも助けになればうれしく思います。

2011年4月

株式会社アルク日本語編集チーム

● 目次 ●

はじめに ・・・・・・・・・・・・・・・・・・・・・ 3
日本留学試験　改定のポイント ・・・・・・・・・ 7

基礎編　9

聴読解問題と向き合うために ・・・・・・・・・ 10
聴読解問題を解いてみよう！ ・・・・・・・・・ 21

実践編　29

実　用

1番　手話講習会の申し込み ・・・・・・・・・ 31
2番　不動産屋での部屋探し ・・・・・・・・・ 33
3番　時刻表 ・・・・・・・・・・・・・・・・ 35
4番　アルバイトの紹介 ・・・・・・・・・・・ 37
5番　時間割　アルバイトの面接 ・・・・・・・ 39
6番　学園祭のプログラム ・・・・・・・・・・ 41
7番　ゼミの面接 ・・・・・・・・・・・・・・ 43
8番　留学生の奨学金 ・・・・・・・・・・・・ 45
9番　作文コンテストの応募条件 ・・・・・・・ 47
10番　カルチャースクール参加 ・・・・・・・・ 49
11番　インターネットによる影響調査 ・・・・・ 51
12番　不在配達票 ・・・・・・・・・・・・・・ 53
13番　書籍在庫調査依頼 ・・・・・・・・・・・ 55
14番　家族旅行のプラン ・・・・・・・・・・・ 57
15番　スーツケースのレンタル料金 ・・・・・・ 59

相　談

1番　ボランティア活動参加 ・・・・・・・・・ 61
2番　他大学図書館の申し込み ・・・・・・・・ 63
3番　博物館でのレポート資料探し ・・・・・・ 65

4番	レポート作成の相談	67
5番	体育選択科目	69
6番	図書館のＰＣメニュー選択	71
7番	大学生のアルバイト	73
8番	ボランティア問い合わせ	75
9番	キャンパスの案内	77
10番	研修会への参加	79
11番	健康診断の順番	81
12番	教科書販売	83
13番	飲酒運転	85
14番	食事バランスガイド	87
15番	ストレス対処法	89

発表

1番	町の予算	91
2番	留学生へのアンケート結果	93
3番	省エネ度	95
4番	地球環境についてのレポート	97
5番	レポートの作成手順	99
6番	子どもと遊び	101
7番	国語に関する世論調査	103
8番	ブランドの基本戦略	105
9番	コミュニケーションと位置関係	107
10番	青少年の生活意識に関する調査	109
11番	体温のセットポイント	111
12番	ゲーム理論	113
13番	防衛機制	115
14番	東洋医学	117
15番	ＰＭ理論	119
16番	金融資産	121
17番	年齢と能力との相関関係	123
18番	オーダーメイド医療	125
19番	昔の日本の数学	127
20番	鳥の生息種数	129

講義

1番	天気予報の用語	131
2番	地域づくり	133
3番	文を書く力	135
4番	食生活の改善	137
5番	都心環状線	139
6番	ミスコミュニケーション	141
7番	自然災害	143
8番	国連の活動説明	145
9番	コミュニケーションの相互作用	147
10番	これからの司書の役割	149
11番	就職ガイダンス	151
12番	言語の発達	153
13番	12という数字の利点	155
14番	睡眠のモデル	157
15番	ナノテクノロジー	159
16番	ピアノの音	161
17番	交流分析	163
18番	虫の生存率	165
19番	交通渋滞	167
20番	光ダクトシステム	169
21番	避難実行を左右する要因	171
22番	渋滞ポイント	173
23番	快楽の段階	175
24番	因果関係の成立条件	177
25番	日本人の祖先	179
26番	孫子の戦略	181
27番	コミュニケーション・ネットワーク	183
28番	適度な運動	185
29番	ウサギの色	187
30番	人間の成長に必要なこと	189

● 日本留学試験　改定のポイント ●

日本語科目の再編

領域	得点範囲		時間		試験課題の変更点
	改定前	改定後	改定前	改定後	
記述	文法的能力 0～3点 論理的能力 0～3点 合計　　　0～6点	0～50点	20分	30分	課題のタイプの拡充
読解	0～160点	0～200点	30分	40分	複問及び長文の導入
聴解	0～120点	0～200点	70分	55分	
聴読解	0～120点				
合計 （記述除く）	0～400点	0～400点			
時間合計			120分	125分	

※記述：文字数が改訂前は400字程度→改訂後は400～500字に変更。

※読解：2010年6月試験の読解では、長文問題は1文章、その他は短文問題（本文の長さが従来通りのもの）。短文問題には、複問のものと従来の単問のものがある。

領域実施順の変更

2010年6月試験より「記述」「読解」、「聴読解」、「聴解」の順で実施。

● 本書の使い方 ●

　聴読解問題は一度しか聞けません。聞き直しはできませんので、集中して問題を聞き、問題を解くことが必要です。

　聴解問題と聴読解問題を合わせた解答時間は55分で、その間におよそ聴解15問と聴読解12問の合計27問の問題を解かなければなりません。本書の聴読解は、実際の本試験と同じスピードで問題を収録していますので、途中で音声を止めずに、次々と問題を解いていってください。本試験と同じように12問連続で問題を解き、集中力を維持するトレーニングをしてもいいでしょう。

　問題を解き終わったら、スクリプトを見ながら再度聞き直してみましょう。その際、「聞く前に」でどんなところをポイントにして聞いたらいいか確認し、「聞きながらメモ」を参考にメモしてください。最後に、「言葉・表現」や「一言アドバイス」をチェックして、次の問題に進みましょう。

日本留学試験 速攻トレーニング 聴読解編

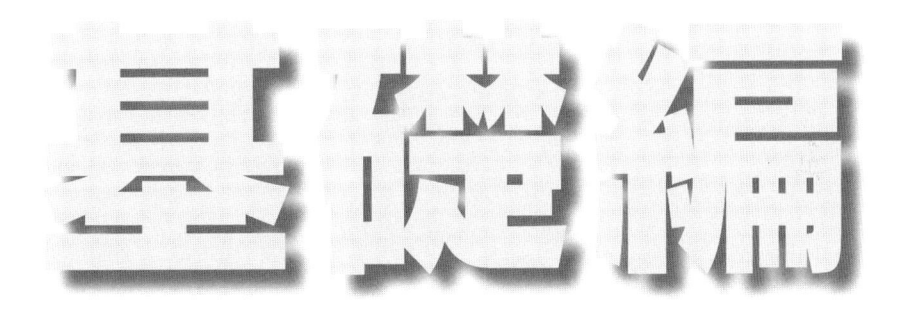

基礎編

基礎編

● 聴読解問題と向き合うために ●

　この問題集には80題の聴読解問題が収められています。問題はさまざまな分野にわたり、問題形式も多様です。多くの問題に触れることで、聴読解問題に対して自信を持って取り組むことができます。

　ここで皆さんにはぜひ、「問題集＝問題をひたすら解くもの」という考えを捨てていただきたいと思います。本書は、日本留学試験の単なる対策問題集として作成されたのではありません。まずは聴読解問題ではどんな力を測ろうとしているのか、どのようにしたら「聴読解力」をつけることができるかを十分に知った上で、多くの問題にあたっていただきたいと考えています。それが大学進学後に必要とされる日本語力を身につけることにつながっていくからです。

　そのため、「基礎編」は次のような構成となっています。

　　　　Ⅰ．まず全体像を知る―＜聴読解という領域＞
　　　　Ⅱ．出題傾向の変化と本問題集の特徴
　　　　Ⅲ．本問題集に掲載された問題リストと使い方
　　　　Ⅳ．聴読解問題の解き方

　Ⅰでは、日本留学試験における聴読解試験とは、どんな試験なのかを簡単に紹介しています。「もう日本留学試験の聴読解試験がどんな試験なのかはよくわかっている」という方は、この箇所は読み飛ばし、Ⅱに進んでください。

　Ⅱでは、2002年から年2回実施されてきた日本留学試験の聴読解試験の出題傾向の変化と、この問題集の特徴について説明しています。日本留学試験は2009年11月までに16回実施されましたが、その間に傾向・内容はかなり変化しています。たとえば、以前はキャンパス日本語や生活に関する日本語が多く出題されていましたが、近年では「講義」などに焦点が当てられるようになりました。また、テーマも多様なものになっています。本問題集はこうした問題の変化を十分に分析した上で、談話の種類の比率、テーマ選びなどを考え、作成しました。

　Ⅲでは、学習しやすいように本問題集に収められている問題のリストを作成し、難易度や分野についても記しました。問題集をより効果的に使うために、ぜひ活用してください。

　さらに、Ⅳでは「問題の解き方」を三つの日本留学試験過去問題から解説しました。さまざまな解き方のヒントがあると思いますが、ここに記されたものを一つのサンプルと

して、自分なりの「効果的なやり方」を会得してください。ただ問題を解くのではなく、＜楽しみながら問題を解く＞＜問題を解くことで新たな知識・知恵が得られる＞、そんな使い方をしていただけることを願っています。

Ⅰ まず全体像を知るー＜聴読解という領域＞

日本留学試験は「記述、読解、聴読解、聴解（この順序で実施されます）」の四つの領域に分かれています。本書では、聴読解の問題を扱いますが、まずは実施団体である日本学生支援機構（JASSO）のホームページから「各領域の概要」の「聴読解領域」に記載されていることを抜粋して紹介します。

聴読解領域
　聴読解は、音声と視覚情報（図表や文字情報）によって出題される。

（1）問われる能力
　聴読解領域では、文章や談話音声などによる情報を理解し、それらの情報の関係を把握し、また理解した情報を活用して論理的に妥当な解釈を導く能力が問われる。具体的には以下のような能力が問われる。

ア）直接的理解能力：言語として明確に表現されていることを、そのまま理解することができるかを問う。

イ）関係理解能力：文章や談話で表現されている情報の関係を理解することができるかを問う。

ウ）情報活用能力：理解した情報を活用して論理的に妥当な解釈が導けるかを問う。

（2）出題される談話の種類
　（1）で挙げられた能力は、大学等での場において理解が必要となる談話を題材として問われる。具体的に聴読解で扱われる談話は以下のように分けられる。

- 講義、講演
- 演習や調査活動にかかわる発表、質疑応答および意見交換
- 学習上または生活上の相談ならびに指導、助言
- 実務的・実用的な談話など

基礎編

Ⅱ 出題傾向の変化と本問題集の特徴

　2002年に日本留学試験が開始されてから2009年11月までに、計16回の試験が実施されました。試験の目的は「外国人留学生として、日本の大学（学部）等に入学を希望する者について、日本の大学等で必要とする日本語力及び基礎学力の評価を行うこと」ですが、その出題の傾向は、この間大きく変わってきました。そこで本書では、談話の種類等に関しても、できるだけ現在実施されているパターンに近いものになるように努めました。また問題の分野のバランス、難易度などに関しても考慮しました。

　出題される談話の種類は、「Ⅰ.まず全体像を知る」に記した順番とは異なる順番で提示してあります。それは、「講義・講演」より「実務的・実用的な談話」のほうが問題としては難易度が低いものが多いことから、問題集としては「易→難」という順序で記載したいと考えたためです。

表1　談話の種類分け

記号	省略名	説明
A	実用	実務的、実用的な談話など
B	相談	学習上または生活上の相談ならびに指導、助言
C	発表	演習や調査活動にかかわる発表、質疑応答および意見交換
D	講義	講義、講演

　まず変化を知るために、直近の2年分（4回）のデータ「表2」と、最も古い2年分（4回）のデータ「表3」を作成し、比較検討してみました。

表2　2008年〜2009年実施分

	A実用	B相談	C発表	D講義
2009第二回	3	3	0	14
2009第一回	1	3	2	14
2008第二回	0	4	3	13
2008第一回	0	2	6	12
合計80題	4	12	11	53
割合	5%	15%	13.75%	66.25%

基礎編

表3　2002年〜2003年実施分

	A実用	B相談	C発表	D講義
2003 第二回	2	10	2	6
2003 第一回	4	9	3	4
2002 第二回	9	6	2	3
2002 第一回	7	10	1	2
合計80題	22	35	8	15
割合	27.5%	43.75%	10%	18.75%

　二つの表を見比べることによって、日本留学試験がスタートした当初と今では、出題される談話の種類が大きく違っていることがよくわかります。よって事前練習のためには、こうした傾向の変化をよく知って取り組むことが重要です。以前作成された問題集などを見ると、A実用、B相談に関する問題が多くなっており、大学等での勉学に関するものが少ないという特徴が見られます。こうした点も十分に考慮して対策を立てていくことが大切です。

　本問題集では、表2の傾向を参考にした上で、問題を作成するにあたりA〜Dの割合を以下のようなものとしました。最近の傾向と異なるのは、問題に慣れるには比較的取り組みやすい「A実用」「B相談」など身近な話題をやや多めに入れること、また「D講義」を極端に多くせず、「C発表」の割合をやや増やしました。また、「C発表」に関する問題も一方的に学生が発表をするという場面より、聞き手とやり取りのある談話形式を多めに設定しました。

表4　本書の問題分析（80題）

A実用	B相談	C発表	D講義	合計
15題	15題	20題	30題	80題

グラフ1　2008〜2009年の談話の種類ごとの割合

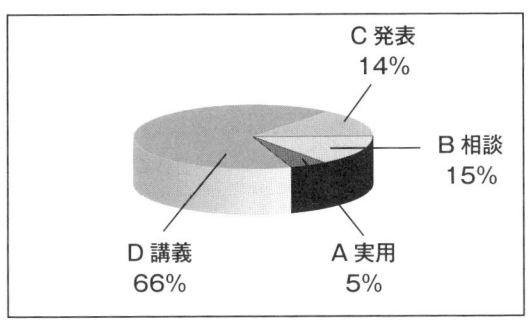

グラフ2　本問題集における談話の種類ごとの割合

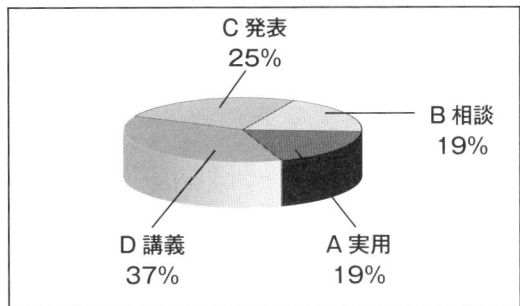

基礎編

III 本問題集に掲載された問題リストと使い方

　これまでの問題集で、全体の問題一覧表がついているものはほとんどありません。しかし、授業の中で学ぶにせよ、一人で問題を解くにせよ、「全体像が見えている」ことは大切なことなのです。本書では問題にタイトルをつけて四つに分類し、さらに、難易度および＜モノローグ／会話＞の区別を付記しました。

　また「発表」と「講義」には「分野」という欄をつけ加えました。なお「分野」は次の13の分野に分かれます。

社会	経済	国際	教育	自然	環境	科学技術
心理	健康	生物	数学	音楽	言語習得	

　まだ中級レベルで、これから聴読解問題を始めようという人は、まず「実用」「相談」のリストの中で難易度★の問題からやってみてください。また、「講義」関連の問題に慣れておきたいという人は、「講義」から始めることをお勧めします。そのあとで、残った「実用、相談、発表」の問題を一気に、模擬試験としてやってみてもいいでしょう。問題に関する十分な情報をつけておきましたので、あとはお使いになる皆さんがそれぞれ工夫して使いこなしてくださることを期待しています。

　なお難易度に関しては、イーストウエスト日本語学校の学習者にすべての問題を実際に解いてもらい、教師だけではなく学習者の視点から、「★がいくつの問題か」を書いてもらった結果を反映させてあります。

基礎編

＜全問題一覧＞

【実用】

	CD	難易度	タイトル	モノローグ	会話
1	1-02	★	手話講習会の申し込み		○
2	1-03	★	不動産屋での部屋探し		○
3	1-04	★	時刻表		○
4	1-05	★	アルバイトの紹介		○
5	1-06	★	時間割　アルバイトの面接		○
6	1-07	★	学園祭のプログラム		○
7	1-08	★	ゼミの面接		○
8	1-09	★	留学生の奨学金	○	
9	1-10	★	作文コンテストの応募条件		○
10	1-11	★	カルチャースクール参加		○
11	1-12	★	インターネットによる影響調査		○
12	1-13	★	不在配達票		○
13	1-14	★	書籍在庫調査依頼		○
14	1-15	★★	家族旅行のプラン		○
15	1-16	★★	スーツケースのレンタル料金		○

【相談】

	CD	難易度	タイトル	モノローグ	会話
1	1-17	★	ボランティア活動参加		○
2	1-18	★	他大学図書館の申し込み		○
3	1-19	★	博物館でのレポート資料探し		○
4	1-20	★	レポート作成の相談		○
5	1-21	★	体育選択科目		○
6	1-22	★	図書館のＰＣメニュー選択		○
7	1-23	★	大学生のアルバイト		○
8	1-24	★★	ボランティア問い合わせ		○
9	1-25	★★	キャンパスの案内		○
10	1-26	★★	研修会への参加		○
11	1-27	★★	健康診断の順番		○
12	1-28	★★	教科書販売	○	
13	1-29	★★	飲酒運転	○	
14	1-30	★★	食事バランスガイド		○
15	1-31	★★	ストレス対処法		○

基礎編

【発表】

	CD	難易度	タイトル	モノローグ	会話	分野
1	1-32	★	町の予算		◯	社会
2	1-33	★	留学生へのアンケート結果		◯	教育
3	1-34	★	省エネ度		◯	環境
4	1-35	★	地球環境についてのレポート	◯		自然
5	1-36	★	レポートの作成手順		◯	教育
6	1-37	★	子どもと遊び		◯	社会
7	1-38	★	国語に関する世論調査		◯	社会
8	1-39	★	ブランドの基本戦略	◯		経済
9	1-40	★★	コミュニケーションと位置関係	◯		心理
10	2-01	★★	青少年の生活意識に関する調査		◯	社会
11	2-02	★★	体温のセットポイント		◯	生物
12	2-03	★★	ゲーム理論		◯	経済
13	2-04	★★	防衛機制		◯	心理
14	2-05	★★	東洋医学	◯		健康
15	2-06	★★	ＰＭ理論		◯	心理
16	2-07	★★	金融資産	◯		経済
17	2-08	★★	年齢と能力との相関関係		◯	社会
18	2-09	★★	オーダーメイド医療		◯	健康
19	2-10	★★	昔の日本の数学	◯		数学
20	2-11	★★★	鳥の生息種数		◯	生物

基礎編

【講義】

	CD	難易度	タイトル	モノローグ	会話	分野
1	2-12	★	天気予報の用語	○		自然
2	2-13	★	地域づくり	○		社会
3	2-14	★	文を書く力	○		教育
4	2-15	★	食生活の改善	○		健康
5	2-16	★	都心環状線	○		社会
6	2-17	★	ミスコミュニケーション	○		教育
7	2-18	★	自然災害	○		自然
8	2-19	★★	国連の活動説明	○		国際
9	2-20	★★	コミュニケーションの相互作用	○		教育
10	2-21	★★	これからの司書の役割	○		社会
11	2-22	★★	就職ガイダンス	○		教育
12	2-23	★★	言語の発達	○		言語習得
13	2-24	★★	12という数字の利点	○		数学
14	2-25	★★	睡眠のモデル	○		健康
15	2-26	★★	ナノテクノロジー	○		科学技術
16	2-27	★★	ピアノの音	○		音楽
17	2-28	★★	交流分析	○		心理
18	2-29	★★	虫の生存率		○	生物
19	2-30	★★	交通渋滞		○	社会
20	2-31	★★	光ダクトシステム	○		環境
21	2-32	★★	避難実行を左右する要因	○		自然
22	2-33	★★	渋滞ポイント	○		社会
23	2-34	★★	快楽の段階	○		心理
24	2-35	★★★	因果関係の成立条件	○		教育
25	2-36	★★★	日本人の祖先	○		生物
26	2-37	★★★	孫子の戦略	○		経済
27	2-38	★★★	コミュニケーション・ネットワーク	○		心理
28	2-39	★★★	適度な運動	○		健康
29	2-40	★★★	ウサギの色		○	生物
30	2-41	★★★	人間の成長に必要なこと	○		心理

基礎編

<発表・講義タイプのジャンル別問題数　　全50問>

社会	10	環境	2	数学	2
経済	4	科学技術	1	音楽	1
国際	1	心理	7	言語習得	1
教育	7	健康	5		
自然	4	生物	5		

【各問題の構成】

○1ページ目　　　聴読解問題の視覚情報

○2ページ目　　　解説ページ
　　　　　　　　・解答するときのヒント
　　　　　　　　　　答えることは？　　聞く前に　　聞きながらメモ
　　　　　　　　・言葉・表現
　　　　　　　　　　視覚情報　　音声情報
　　　　　　　　・正解

○別冊　　　　　　スクリプト

【解説ページの使い方】

◆「答えることは？」では、「何を答えることが求められているのか」を明確にします。

◆「聞く前に」では、音声情報が流れる前に「何をすべきなのか」をチェックします。次の問題に移って、テープが流れるまでの<隙間の時間>をいかに有効に使うかも大切なポイントです。

◆「聞きながらメモ」では、この聴読解問題を解くには、どんな点に気をつければよいかについて解説しています。問題によっては、視覚情報のサムネイル（画像を縮小させた見本）を使って「聞くときに視覚情報のどこを、どのような視点で見ていけばよいのか」を説明しています。

◆「言葉・表現」は、「□視覚情報から取り出した言葉・表現」と「■音声情報から取り出した言葉・表現」に分けて記してあります。この項目は以下のような考え方で「言葉・表現」を抽出しています。

　　・視覚情報では、すべての言葉・表現を理解する必要はありません。この問題を解く

> 基礎編

ために必要と思われるものを中心に選んであります。聴読解のときには、視覚情報から解答に必要な情報をすばやく拾う力が求められます。つまりスキャニング能力です。

・音声情報に関しては、基本的に出てきた「言葉・表現」でN2レベル以上のものを拾ってあります（問題によっては、それ以下のレベルの語彙も記載）。

Ⅳ 聴読解問題の解き方

【どんなことを勉強すればいい？】

聴読解問題を解くにあたっては、次のような＜聴読解問題を解くための五つのポイント＞が考えられます。特に、初めて聴読解問題に触れる人は、音だけの聴解問題と同じように解こうとするケースが多々見られます。そのため聞いた内容を必死にメモしたり、「図・表・説明などの視覚情報」を十分に活用しなかったりします。そうなると、なかなか正解にたどりつけません。聴読解問題は、音声で流れる「音声情報」と図などの「視覚情報」とが関係し合って一つの問題になっていることを忘れないようにしてください。まずは、＜聴読解の達人＞になるための「事前準備の五つのポイント」を紹介しましょう。

＜聴読解問題に備えて―事前準備の五つのポイント＞

1	さまざまなテーマに関して一般的な知識を持つ。 △聴読解問題には「講義・発表」などがあり、さまざまな分野のことが出題される（経済、国際、環境など）。
2	さまざまなテーマに関する基本的な言葉・表現などを知っておく。 △「講義・発表」などの分野だけではなく、実生活での言葉・表現など広く知っておくとよい。
3	読んだ言葉（聞いた言葉）を＜ほかの言葉に置き換える＞練習をする。 △ 話し言葉／書き言葉、和語と漢語など、ふだんから同じことを違う言い方・言葉で表現することを意識する。
4	スキャニング（情報取り）やスキミング（大意取り）の練習をする。
5	精読だけではなく、速読の練習も十分にしておく。

基礎編

＜聴読解問題を解くための五つのポイント＞

次に、聴読解に強くなるためのポイントを、問題を解く順番に説明しておきます。

1	聞く前に	音声が流れる前に「図・表・説明など視覚情報」の全体をできるだけ読み取っておく。 　　注意：○どんな図？ 　　　　　○何についての説明？ 　　　　　○誰と誰が何をしている場面？ 　　　　　　　　　　　　　　　　　　など
2	指示文を聞きながら	音声の指示文を聞きながら、視覚情報で「何／どの部分」について聞かれるか考える。 　　注意：○視覚情報に印をつけていく。
3	問題文を聞きながら	キーワード（キーセンテンス）をメモする。または図表や説明文に書かれているキーワードなどに印をつけていく。 　　注意：○すべてを書き取るのではない！ 　　　　　○メモ取りは母語でもよい！
4	聞きながら解答を選ぶ	キーワード（キーセンテンス）をヒントに即断即決する。 　　注意：○全部聞いてから……と考えると解答できなくなることもある。
5	終わってから	もう一度チェックする。 　　注意：○最後に二つ正解と思われる選択肢が残って迷った場合、もう一度キーワードに戻ってチェックする。 　　　　　○時間が余ったら、消去法で再チェックをする。

基礎編

● 聴読解問題を解いてみよう！ ●

　聴読解問題では、図・表・レジュメ・グラフ・メモなど、さまざまな視覚情報が扱われています。そこで基礎編では、こうした視覚情報の種類によって、解き方のポイントを見ていくことにします。この基礎編での練習によって、さまざまなパターンの問題にも余裕を持って臨むことができるようになります。題材としては、過去問題を使うこととし、比較的難しいとされている「講義」から2題、さらに「相談」を1題取り上げました。

1 説明文を見ながら解く　（2009年度第一回聴読解問題4番）

講義	外来語	モノローグ（先生）	言語

4番　先生が外来語について話しています。「リターラウト」という外来語はどのグループに入りますか。

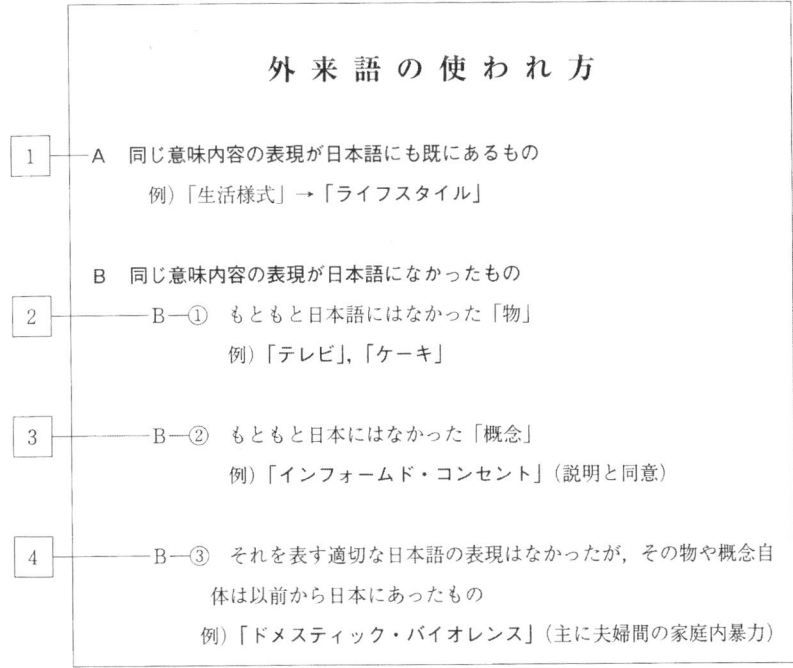

（『2009年度第一回試験問題』桐原書店、聴読解問題より）

基礎編

> **スクリプト**
>
> 4番　先生が外来語について話しています。「リターラウト」という外来語はどのグループに入りますか。
>
> 　外来語には大きく分けて二つあります。一つは同じ意味の言葉が日本語に既にあるのに、おしゃれな印象を与えるために使われている外来語です。もう一つは同じ意味の表現がもともと日本語にはなかったものです。その足りない部分を外国語から取り入れたんですね。この二つめの種類の外来語は更に三つのグループに分かれます。では、次の外来語はどのグループに入るでしょうか。
>
> 　道にごみを捨てる人をよく見かけますね。日本語には「ポイ捨て」という言葉がありますが、「ポイ捨てする人」と呼ぶのにいい言葉がありません。そこで、「リターラウト」という外来語を使えばいいという意見があります。「リター」は「ごみ」、「ラウト」は「無作法な人」という意味なんですが、表の中のどのグループに入るかわかりますか。

【問題を解くヒント】

1．聞く前に：

「外来語の使われ方」について書いてある説明文の特徴をつかみます。1～4の番号がついたところに書かれている単語だけでも目を通しておいてください。

2．指示文を聞きながら：

「先生が外来語について……」という指示文を聞きながら、さらに「説明文」に目を通していきます。指示文で「どのグループに入りますか」と言っているのを聞き取り、できるだけグループの説明を読み取るようにします。

3．問題文を聞きながら：

いよいよここから問題文となります。この問題では説明文に情報がしっかり入っていますので、そこに線を引きながら聞きます。

「既にあるもの」「なかったもの」「物」「概念」、また最後のB－③は、「表現はなかった」「概念自体は以前から日本にあったもの」という言葉がキーワードとなります。

4．聞きながら解答を選ぶ：

この音声情報の後半（第二段落）は、この問題の重要部分です。「リターラウト」がどこに入るかを聞いているわけですから、この言葉の持つ意味をしっかり理解する必要があります。「リター」は「ごみ」、「ラウト」は「無作法な人」ということなので、

基礎編

もともとそういう人はいるけれども、そのことを表す言葉がなかったいうわけです。となると、B-③、すなわち「4」が答えとなります。

5．終わってから：

「4」と答えが出ましたが、少しでも余裕があれば、例としてあげられている言葉をよく見るのも一つの方法です。また、中には「3～5の解き方」を違うスタイルで進める人もいると思います。

たとえばキーワードを拾う際に、「ライフスタイル」「テレビ」「インフォームド・コンセント」「ドメスティック・バイオレンス」と聞きなれたカタカナ語から説明文を類推しながら音声情報を聞くという方法も有効です。その場合は、最後の「5．終わってから」で説明文にざっと目を通すというチェック法となるわけです。

【正解：4】

2　図を見ながら解く　（2009年度第一回聴読解問題5番）

| 講義 | 公共サービス | モノローグ（先生） | 社会 |

5番　先生が、公共サービスの民営化について、図を見せながら説明しています。この先生は、どういう点について、十分な理解が必要だと言っていますか。

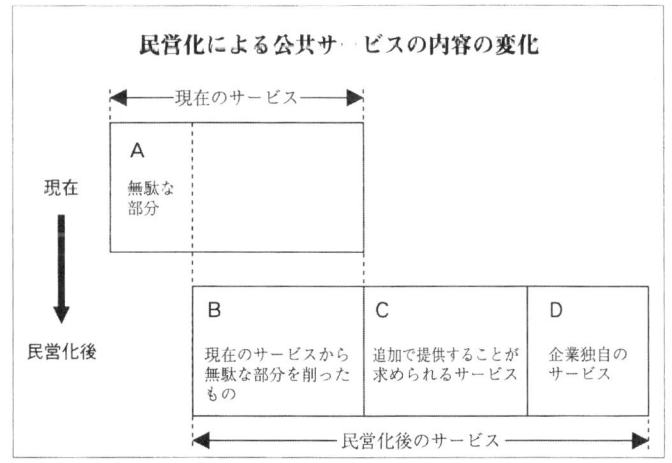

1．Aがなくなる点
2．Bが保たれる点
3．CとDが加わる点
4．サービスが向上する点

（『2009年度第一回試験問題』桐原書店、聴読解問題より）

23

基礎編

スクリプト

5番　先生が、公共サービスの民営化について、図を見せながら説明しています。この先生は、どういう点について、十分な理解が必要だと言っていますか。

　民営化とは、それまで国や地方自治体が行っていたサービスを企業が行うようにすることです。

　この図は、民営化することによって、公共サービスの内容がどのように変わるかを表したものです。民営化にあたっては、まず、現在提供されているサービスの必要性が検討されて、財政的に無駄な部分が削られます。次に、必要であるにもかかわらず現在は行われていないサービスの中から、民営化後の企業が提供すべきサービスが決められます。さらに、民営企業としての視点から、独自の工夫によるサービスが加わります。

　このように、民営化すれば、全体としてはサービスが向上しますが、実際には、利益を上げられない今までのサービスを切り捨てる可能性もあります。そうなると、現在は受けられるサービスでも、民営化後は受けられなくなる場合も出てきますから、利用者はその点を十分理解していなくてはいけません。

【問題を解くヒント】

1. **聞く前に：**

　図に目を通し、縦の矢印は時間の流れ、二つの横の矢印はサービスの変化を表していることを見ておいてください。

2. **指示文を聞きながら：**

　「どういう点について理解が必要だと言っていますか」という質問を聞き、A～Dの内容にざっと目を通します。また、Aを含む上の段と下の段のBとの関係などをつかんでおいてください。

3. **問題文を聞きながら：**

　「民営化」という言葉を聞き、「そうか、民営化の問題だ」と思い込み、「民営化後のサービス」だけに注目しがちです。まずは変化の全体を見るようにしましょう。また、指示文を聞きながら、ざっと目を通したA～Dの内容をもう一度確認しながら、聞いてください。

　2段落目までは、民営化後のサービスについての説明ですが、3段落目で「民営化後の問題点」が出てきます。それが「十分な理解が必要」、つまり答えが求められている部分です。

基礎編

4．聞きながら解答を選ぶ：

　この問題では、A～Dを選ぶのではなく、A～Dの関係などが問われてきますので、四つの選択肢をしっかり理解する必要があります。選択肢の「なくなる点／保たれる点／CとDが加わる点」など、キーワードとなる動詞に気をつけてください。

　質問は、「どういう点について理解が必要か」ということですが、最後の段落にそのまま「利用者はその点を十分理解していなくてはいけません」と出てきます。しかし、ここだけを読めば答えが導き出せるのではなく、公共サービスの現在と民営化後との変化を図から理解していなければ答えることはできません。

5．終わってから：

　A「無駄な部分」を解答として選んだあとは、余った時間を使って、もう一度B～Dの内容をチェックし、再確認をしてください。Dは選択肢の質の違いからも、比較的簡単に正解ではないということが推測できると思います。

【正解：1】

③ 表を見ながら解く　（2009年度第一回聴読解問題3番）

| 相談 | ゼミ発表の相談 | 会話（女子学生と男子学生） |

3番　女子学生と男子学生が、男子学生がゼミで発表する鉄鋼業の立地条件について話しています。この男子学生は、発表資料のどの部分を中心に発表しますか。

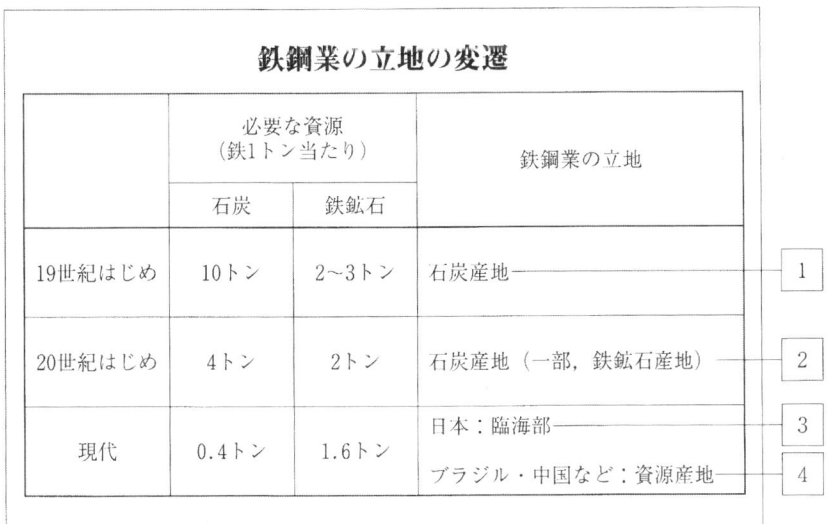

鉄鋼業の立地の変遷

	必要な資源 （鉄1トン当たり）		鉄鋼業の立地	
	石炭	鉄鉱石		
19世紀はじめ	10トン	2～3トン	石炭産地	1
20世紀はじめ	4トン	2トン	石炭産地（一部，鉄鉱石産地）	2
現代	0.4トン	1.6トン	日本：臨海部	3
			ブラジル・中国など：資源産地	4

（『2009年度第一回試験問題』桐原書店、聴読解問題より）

基礎編

> **スクリプト**
>
> 3番　女子学生と男子学生が、男子学生がゼミで発表する、鉄鋼業の立地条件について話しています。この男子学生は、発表資料のどの部分を中心に発表しますか。
>
> 女子学生：こんどのゼミでは、鉄鋼業の立地の遷り変わりについて発表するんだよね。
> 男子学生：うん、それで、僕は立地の条件の変化について調べたんだ。これ、発表の資料なんだけど。
> 女子学生：へえ。19世紀と現代を比べると、鉄を1トンつくるのに必要な石炭って、だいぶ少なくなったんだね。
> 男子学生：うん。昔はとにかく石炭がたくさん必要だったんだ。
> 女子学生：あ、だから、石炭の産地が立地の条件になったんだね。石炭が採れるところで鉄をつくってたってことか。
> 男子学生：うん。でも、20世紀に製鉄の技術が発達して、少ない石炭で鉄がつくれるようになったから、石炭の産地の近くにこだわる必要がなくなったんだ。
> 女子学生：ふうん。じゃあ、現代のこの「海の近く」っていうのは、鉄鉱石とか石炭とかを外国から輸入してるからなの？
> 男子学生：そう。今度の発表はそこに焦点をあてて話そうと思ってるんだ。鉄をつくってる近くに港があれば、できた鉄を運ぶのにも便利だしね。

【問題を解くヒント】

1. **聞く前に：**

   表の全体を眺めます。縦軸は「19世紀はじめ／20世紀はじめ／現代」とありますから、時期を表していることがわかります。また、同時に横軸の項目を見ておきましょう。「必要な資源」「鉄鋼業の立地」とありますが、たとえ「鉄鋼業」という漢字がわからなくても、気にする必要はありません。「立地」だけチェックしておけば十分です。

2. **指示文を聞きながら：**

   指示文では、「鉄鋼業の立地条件」について話していることを伝え、「どの部分を中心に発表をするか」と聞いています。となると、先ほど見た「○○の立地」のところを見ればよいわけです。番号もその項目のところに振ってあります。ですから、そこを中心に見ながら、話を聞いていけばよいということになります。

3．問題文を聞きながら：

　この問題は二人の学生の会話になっています。まず男子学生が「立地の遷り変わり」と言っていますが、その言葉は表にはありません。しかし、表の中の言葉「立地の変遷」には「変」という言葉があることから、「変遷」と「遷り変わり」が同じ意味であることがわかります。

　しばらく二人の会話は、石炭の多い・少ないという話題で進みますが、このあたりはどうやら中心課題とはあまり関係がなさそうです。しばらくして、「石炭の産地の近くにこだわる必要がなくなったんだ」という発言があります。さらに「じゃあ、現代のこの『海の近く』っていうのは」と女子学生が質問をします。「海の近く」という言葉は表にはありませんが、「3」に「臨海部」という言葉が出てきます。「臨海部」という言葉は初めてだとしても大丈夫です。「海」という言葉があるということは、先ほどの「海の近く」に関係があるはずです。

　そして最後に、「今度の発表はそこに焦点をあてて話そうと思っている」という発言があり、「近くに港があれば……便利だしね」と続きます。「港があるのは海」ですから答えは自然に導き出されます。

4．聞きながら解答を選ぶ：

　3で述べたように、最後の段落で答えは「3」であることがわかります。

5．終わってから：

　もし時間があれば、簡単に1、2、4の選択肢にも目を通しておくとよいでしょう。

【正解：3】

日本留学試験
速攻トレーニング
聴読解 編

実践編

実　用

 1番

女子学生が、手話講習会の予定表を見ながら電話で話しています。
この女子学生は、どのクラスを申し込みますか。

コース	クラス	曜日	会場
初級	午前（10時〜12時）	月曜日	中央公民館
	午後（2時〜4時）		市立図書館
	夜（7時〜9時）		中央公民館
中級	午後（2時〜4時）	水曜日	市立図書館
	夜（7時〜9時）		中央公民館
上級	夜（7時〜9時）	土曜日	中央公民館

※問い合わせは、市役所福祉課へ

1．初級コースの夜クラス
2．中級コースの午後クラス
3．中級コースの夜クラス
4．上級コースの夜クラス

実 用

1番 手話講習会の申し込み

答えることは

▶ 女子学生が申し込むクラス

聞く前に ✓

▶ 選択肢1〜4をチェック！
▶ それぞれのコースの時間、曜日と場所をチェック！

聞きながらメモ

「違う」とわかったものは、番号に×を書こう。
▶ 女子学生は手話は初めて？
▶ 女子学生は上級コースに入れる？　なぜ？
▶ 女子学生は昼間のコースに参加できる？

1. 初級コースの夜クラス
2. 中級コースの午後クラス
3. 中級コースの夜クラス
4. 上級コースの夜クラス

言葉・表現
☐ 手話　　講習会
■ サークル　活動　対象　（昼間）はちょっと……

正解：　3

実 用

 2番

女子学生が、不動産屋で部屋を探しています。
この学生は、どの部屋を見に行きますか。

今月のお勧め物件

	マンション名	広さ	家賃	交通	築	
1	ラフォーレマンション	1K	¥78,000	目黒駅徒歩8分	1年	安心の女性専用
2	ドミール新宿	1K	¥88,000	新宿駅徒歩15分	6年	全室エアコン付き
3	キューブ渋谷	1K	¥74,000	渋谷駅バス7分	1年	日当たり良好
4	グリーンマンション	1K	¥67,000	高田馬場駅徒歩5分	20年	リフォーム済み

実 用

2番　不動産屋での部屋探し

答えることは ?
▶ どの部屋を見に行くか

聞く前に ✓
▶ 四つのマンションの特徴をチェック！
▶ 「交通」「築」はどんな意味？

聞きながらメモ
▶ 女子学生はどんな部屋に住みたい？
▶ 不動産屋はどんな順番で物件を勧めている？
▶ 「やっぱり安いほうから考えてみたいんで」は、どの物件？

マンション名	広さ	家賃	交通	築	
ラフォーレマンション	1K	¥78,000	目黒駅徒歩8分	1年	安心の女性専用
ドミール新宿	1K	¥88,000 ✗	新宿駅徒歩15分	6年	全室エアコン付き
キューブ渋谷	1K	¥74,000	渋谷駅バス7分	1年	日当たり良好
グリーンマンション	1K	¥67,000	高田馬場駅徒歩5分	20年 ✗	リフォーム済み

言葉・表現
□不動産屋　物件　家賃　築　女性専用　（エアコン）付き　リフォーム
■ワンルーム　たつ　そのためか　比較的　状態　とりあえず

正解： 3

 3番

男の人と女の人が、話しています。
この男の人は、どの電車に乗りますか。

電車時刻表

時	平日上り（池袋行き）				
5	⑪	(34)	㊵	50■	(59)
6	㋐	(05)	10■	(13)	⑳

◯：急行　　（　）：準急　　■：途中の駅で次の急行に抜かれます

1．5時40分の電車
2．6時1分の電車
3．6時13分の電車
4．6時20分の電車

実 用

3番　時刻表

答えることは

▶ 男の人が乗る電車

聞く前に ✓

▶ 時刻表で、選択肢1～4にあたるものをチェック！
▶ 「急行」「準急」の読み方と意味は？

電車時刻表

時	平日上り（池袋行き）				
5	⑪	(34)	㊵	50■	(59)
6	㉛	(05)	10■	(13)	⑳

○：急行　　（　）：準急　　■：途中の駅で次の急行に抜かれます

聞きながらメモ

▶ 男の人は何時までに池袋に行く？
▶ 池袋まで急行で何分？
▶ 最初に話している電車はどれ？
▶ 池袋まで準急で何分？
▶ 「早く着く」「20分も余裕がある」電車はどれ？

言葉・表現

□時刻表　（池袋）行き　急行　準急　抜かれる
■ギリギリ　まずい　意外に　余裕がある

正解： 2

4番

女子学生と男子学生が、アルバイト紹介の掲示板の前で話しています。この女子学生が応募するのは、どれですか。

1. **中田カメラ**
   店員
   土・日
   11:00～15:00
   時給　950円

2. **カレーショップ森**
   調理手伝い
   月・木もしくは水・金
   11:30～15:30
   時給　900円

3. **ブティック リリー**
   店員
   火・金
   12:00～16:00
   時給　950円

4. **スパゲッティ専門店 オリーブ**
   ウェートレス
   水・木
   17:00～22:00
   時給　900円

実 用

4番　アルバイトの紹介

答えることは　?
▶ 女子学生が応募するアルバイト

聞く前に　✓
▶ ポイントになるところに○をつけよう。
▶ アルバイトは平日？　休日？　時間は昼？　夜？

聞きながらメモ　✐
▶ 女子学生がダメな条件は？
▶ 女子学生が今しているアルバイトの人に言われたことは？
▶ 新しいアルバイトを始めるとき、今のアルバイトはどうする？　新しいアルバイトは土日2日ともできる？
▶ 新しいアルバイトは1日のうち、いつ働く？
▶ 女子学生がアルバイトができない曜日は何曜日？

言葉・表現	□掲示板　応募　もしくは ■探す　減る　（探している）ってわけか　2カ所　昼間 卒論ゼミ

正解：　2

5番

女子学生が、電話でアルバイトの面接の申し込みをしています。
この女子学生がアルバイトをすることができる日は、何曜日ですか。

＜授業時間割＞

		月	火	水	木	金	土
1	1限 9:00～10:30	英会話Ⅰ		家族関係学		情報科学	英会話Ⅰ
2	2限 10:40～12:10		社会学概論	経営学Ⅰ	体験学習 環境と人間	経営学Ⅱ	
3	3限 13:00～14:30				文化人類学		
4	4限 14:40～16:10	経営学入門	心理学				
5	5限 16:20～17:50	経営学Ⅰ		統計学	コミュニケーション学		

1．火曜日と木曜日
2．火曜日と水曜日と土曜日
3．火曜日と木曜日と金曜日
4．火曜日と木曜日と土曜日

実 用

5番　時間割　アルバイトの面接

答えることは？
▶ 女子学生がアルバイトできる日（曜日）

聞く前に ✓
▶ 時間割をチェック！
▶ 空いている時間は？

聞きながらメモ ✏️
▶ 店長が話す条件は？
▶ 女子学生の答えは？

		月	火	水	木	金	土
1	1限 9:00～10:30	英会話Ⅰ		家族関係学		情報科学	英会話Ⅰ
2	2限 10:40～12:10		社会学概論	経営学Ⅰ	体験学習 環境と人間	経営学Ⅱ	
3	3限 13:00～14:30				文化人類学		
4	4限 14:40～16:10	経営学入門	心理学				
5	5限 16:20～17:50	経営学Ⅰ		統計学	コミュニケーション学		

言葉・表現
□ 面接　授業時間割
■ 募集　条件　平日　夕方　週末　（曜日）は問わない

正解：3

6番

男子学生が、学園祭のパンフレットを見せながら女子学生を誘っています。二人が行く催し物は、どれですか。

花園短大　学園祭　プログラム
10月10日（日）　ローズホテル　公演予定

- 10:00～12:00　劇団「カシオペア」公演
  脚本・演出すべてオリジナル。お楽しみに！
- 12:30～13:30　コーラスグループ「響き」発表会
  天使の声でリフレッシュ！
- 14:00～15:00　劇団「プラティア」公演
  今年は当劇団の看板女優が一人芝居に挑戦します。
- 15:30～17:00　クラシック同好会「ミューズ」発表会
  ピアノやバイオリンの生演奏をお楽しみください。

1．劇団「カシオペア」公演
2．コーラスグループ「響き」発表会
3．劇団「プラティア」公演
4．クラシック同好会「ミューズ」発表会

実　用

6番　学園祭のプログラム

答えることは　?

▶ 二人が行く催し物

聞く前に　✓

▶ パンフレットの中の催し物の時間と内容をチェック！　公演、発表会の名前の下に書いてあることもしっかり読んでおく。

聞きながらメモ　✎

「違う」とわかったものは、番号に×を書こう。
▶ ピアノの生演奏は？
▶ 「歌」のものは？
答えのヒントを聞き取ろう。
▶ 「その他大勢で出るだけで、主役じゃない」
　ということは？

1. 劇団「カシオペア」公演
2. コーラスグループ「響き」発表会
3. 劇団「プラティア」公演
4. クラシック同好会「ミューズ」発表会

言葉・表現	□催し物　学園祭　公演　一人芝居 ■あいつ　興味　その他大勢　主役　役

正解：　1

7番

女子学生と男子学生が、プリントを見ながら話しています。
この男子学生は、いつ山田先生に会いに行きますか。

山田ゼミ
夏休みのレポートに関する面接・相談

◎のついた時間帯は、まだ受け付けます。今週中（12日（金）まで）に電話、Eメール、または直接研究室に行って希望を伝えること。

	6月15日（月）	6月16日（火）	6月17日（水）	6月18日（木）	6月19日（金）
1時限目 9:00～10:30					◎
2時限目 10:40～12:10	◎	◎	◎		
3時限目 13:00～14:30	◎	◎		◎	
4時限目 14:40～16:10			◎		

1．月曜日の3時限目
2．火曜日の2時限目
3．水曜日の4時限目
4．木曜日の3時限目

実 用

7番　ゼミの面接

答えることは ?

▶ 男子学生が山田先生に会いに行く日

聞く前に ✓

▶ ◎の意味を確認。

聞きながらメモ ✎

▶ 男子学生の授業はいつ？
▶ その他の予定は？
▶ 休講があるのはいつ？
▶ 女子学生のアドバイスは？

	6月15日（月）	6月16日（火）	6月17日（水）	6月18日（木）	6月19日（金）
1時限目 9:00～10:30					◎
2時限目 10:40～12:10	◎	◎	◎		
3時限目 13:00～14:30	◎	◎		◎	
4時限目 14:40～16:10			◎		

言葉・表現

□ゼミ　（レポート）に関する　時間帯　時限目
■面談　（面談）しなくちゃいけない　どうしようかなあ　サークル
打ち合わせ　勝手な　人類学　休講　時限　1日でも

正解：　3

8番

大学の担当者が、四つの奨学金について説明しています。
リンさんが申し込める奨学金は、どれですか。

| 1 アジア友好奨学金 | 2 石田記念奨学金 |
| 3 カトレア・スカラーシップ | 4 FJ研究助成金 |

学生カード

氏名	林方方（リンファンファン）	性別	男 　　㊛
生年月日	1990年3月11日	国籍	中国
在籍学年	㊦学部　　　大学院　　　2年		
専攻	理科系　　　　㊦文科系		
成績	Ⓐ　　B　　C　　D　　E		

1. 1と3
2. 1と2
3. 1と4
4. 2と3

実用

8番　留学生の奨学金

答えることは ❓
▶ リンさんが申し込める奨学金

聞く前に ✓
▶ リンさんはどんな人？（国など、確認しておこう）

聞きながらメモ ✏️

奨学金の説明を聞きながら、申し込めるものに○、申し込めないものに×を書こう。

▶1番は学部生？　大学院生？
　何年生？　国は？　性別は？
▶2番は学部生？　大学院生？
　何年生？　国は？　性別は？
▶3番の性別は？　専攻は？
▶4番は学部生？　大学院生？

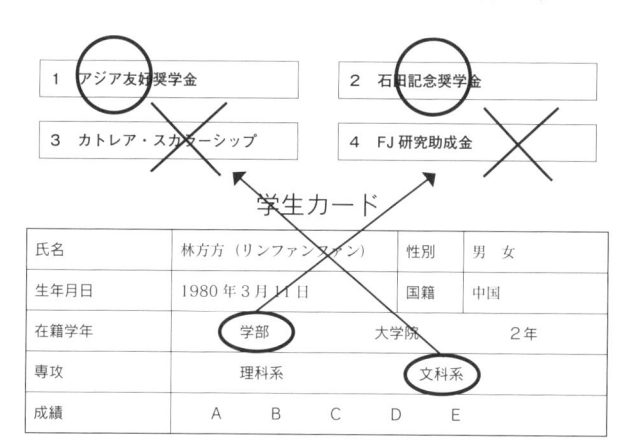

| 1 アジア友好奨学金 | 2 石田記念奨学金 |
| 3 カトレア・スカラーシップ | 4 FJ研究助成金 |

学生カード

氏名	林方方（リンファンファン）	性別	男　女
生年月日	1980年3月14日	国籍	中国
在籍学年	学部　　　大学院　　2年
専攻	理科系　　　文科系
成績	A　B　C　D　E

言葉・表現

□奨学金　国籍　在籍学年　学部　専攻　理科系　文科系
■プリント　口頭　原則として　いずれも　（専攻）は問わない
　若干　例外　学部生　学業成績　優秀　対象　給付
　男女とも　（女子学生）のみ　応募可能　ただし
　（理科系学生）に限る　在学中

正解：　2

実 用

9番

女子学生と男子学生が、ポスターを見ながら話しています。
キムさんは、このコンテストの応募条件に合っていますか。

外国人の地球村
作文コンテスト

■ 募集内容　《作文部門》
　　　　　　《活動報告部門》

■ 応募条件
① 日本国内の高校・大学・専門学校に在籍する者
② 16～22歳の日本国籍を持たない者
③ 通算して滞日年数が4年以内の者

■ 各賞　優秀賞　1点　10万円
　　　　入賞　　3点　 5万円

1．すべての条件を満たしている。
2．①についてはわからないが、それ以外の資格は満たしている。
3．②についてはわからないが、それ以外の資格は満たしている。
4．③についてはわからないが、それ以外の資格は満たしている。

実用

9番　作文コンテストの応募条件

答えることは　？

▶ キムさんが作文コンテストの応募条件に合っているか

聞く前に　✓

▶ 応募の条件は？（①～③の条件に注意しよう）

聞きながらメモ　✎

▶ ③の条件は大丈夫？　キムさんの滞日年数を足したら条件の年数内？
▶ ①の条件は？　日本に来て今大学2年生。
▶ ②の条件は？　この前22歳。女子学生の最後の言葉に注意→「誕生日はいつだろう……。次の授業で会ったら、聞いてみるね」

言葉・表現

□応募　条件　活動　報告　部門　在籍　国籍　通算
滞日

■ぴったり（な）　雰囲気　交流　熱心　サークル　資金
手に入る　かなり　この前

正解：　3

10番

男子学生と女子学生が、カルチャースクールのパンフレットを見ながら話しています。女子学生が行くことにした講座は、どれですか。

**EWJ・カルチャースクール
夏の講座のご案内**

1	古典文学教室	土曜日 14:00～15:00	先生といっしょにやさしく読める『源氏物語』
2	考古学入門	土曜日 11:00～12:00	月に一度、1日使って史跡を見に行きます。
3	英会話　上級	水曜日 19:00～20:00	少人数で楽しく学べます。 ＊対象はこちらの中級クラスを終えた方です。
4	通訳養成講座 （基礎編）	月曜日 19:00～20:00	基礎からしっかり勉強できます。 中級レベルの英語力の方も入れます。

1．古典文学教室
2．考古学入門
3．英会話　上級
4．通訳養成講座（基礎編）

実 用

10番　カルチャースクール参加

答えることは　?

▶ 女子学生が行く講座

聞く前に　✓

▶ 1～4の講座の曜日、時間は？
▶ 1～4の講座の内容は？
▶ 3の「＊」に書いてある条件は？

聞きながらメモ　✎

▶ 「土曜日」の講座は行ける？
▶ 「本を読む」ために行く？
▶ 「中級クラスを終わった人」とは、どこの部分？
▶ 女子学生は「中級クラスを終わった人」？

言葉・表現	□カルチャースクール　パンフレット　対象（たいしょう）　こちら　中級（ちゅうきゅう） ■ゼミ　就職（しゅうしょく）　ペラペラ　（ペラペラ）になる

正解：　3

11番

男性と女性が、「ウェブサイトサービスの利用状況」を見て、話しています。この男性が意外に思っている項目は、どれですか。

ウェブサイトサービスの利用状況（世代別）

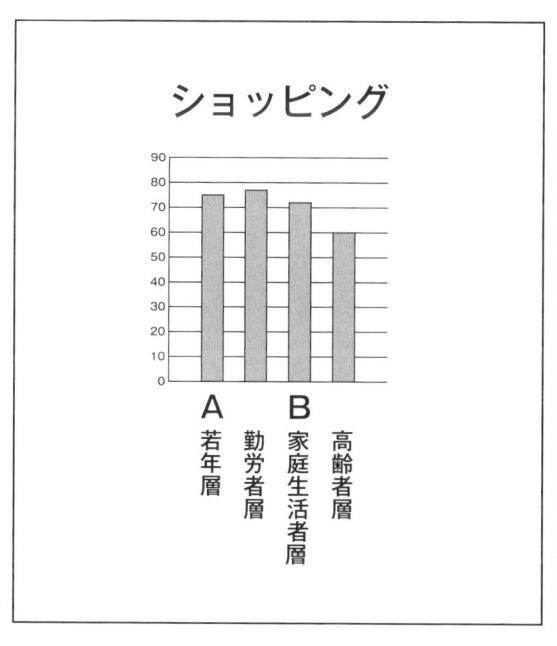

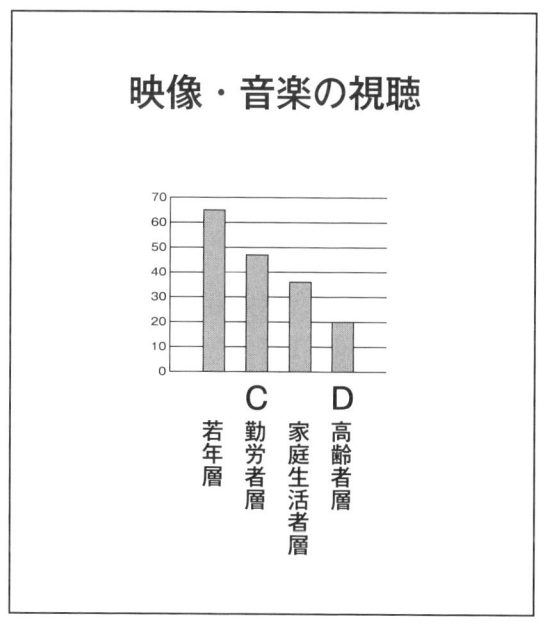

ショッピング
- A 若年層: 約75
- B 勤労者層: 約77
- 家庭生活者層: 約72
- 高齢者層: 約60

映像・音楽の視聴
- 若年層: 約65
- 勤労者層: 約47
- C 家庭生活者層: 約36
- D 高齢者層: 約20

若年層　　　：20～29歳の学生、無職およびパート・アルバイト
勤労者層　　：20歳以上の会社員、自営業
家庭生活者層：20～64歳の主婦と30～64歳の無職およびパート・アルバイト
高齢者層　　：65歳以上（勤労者を除く）

（総務省『平成20年版情報通信白書』より）

1. A
2. B
3. C
4. D

実用

11番　インターネットによる影響調査

答えることは ❓
▶ 男性が意外に思っている項目

聞く前に ✓
▶ グラフを見る。グラフの四つの棒がそれぞれどんな世代を表しているか、それぞれの世代でどんな特徴が見られるか、チェック！
▶ 選択肢1～4がどの世代を表しているか、チェック！

聞きながらメモ ✎
▶ ショッピングをする人の利用状況は？
▶ 映像や音楽を視聴する人の利用状況は？
▶ 「仕事を離れて時間がたっぷりある」のはどんな人たち？

言葉・表現

□ウェブサイト　映像（えいぞう）　視聴（しちょう）
■世代（せだい）　差（さ）　ダウンロード　（仕事を）離れる（はなれる）　（時間が）たっぷりある
　大勢（おおぜい）　レンタルショップ　ソフト　ネットショッピング

正解：　4

CD1 13

12番

男の人が、荷物の連絡票を見ながら、もう一度配達をしてもらう電話をしています。男の人が3011 511236のあとに入力した数字は、どれですか。

ご不在連絡票

お荷物をお届けにまいりましたが、お留守でした。再配達いたしますので、ご連絡ください。

① 営業所番号　3011
② お荷物番号　5112-3-6
③ ご希望の配達日
　当日なら 0　5日なら 05　25日なら 25
④ ご希望の時間帯
　下記より選び、1桁で入力してください。

1	午前中
2	12時～14時
3	14時～16時
4	16時～19時
5	19時～21時
6	今から在宅（～21時）

---

1. 9　6　6　2
2. 2　06　5　2
3. 9　6　5　9
4. 2　06　6　9

実 用

12番　不在配達票

答えることは　❓
- 男の人が入力した数字

聞く前に　✓
- 「ご不在連絡票」とは何？
- 「営業所番号」「お荷物番号」の読み方は？
- 「ご希望の配達日」はどうやって入力する？　6日の場合は？
- 夕方、家にいない場合はどの時間帯を希望したらいい？

聞きながらメモ　✏️
- 正しく入力できた場合、何番を入力する？
- 「夜しかダメだから」、どの時間帯だったら大丈夫？

ご不在連絡票

お荷物をお届けにまいりましたが、お留守でした。再配達いたしますので、ご連絡ください。

① 営業所番号　　3011
② お荷物番号　　5112-3-6
③ ご希望の配達日
　　当日なら 0 　5日なら 05 　25日なら 25
④ ご希望の時間帯
　　下記より選び、1桁で入力してください。

1	午前中
2	12時～14時
3	14時～16時
4	16時～19時
5	19時～21時
6	今から在宅（～21時）

言葉・表現

□ 連絡票（れんらくひょう）　不在（ふざい）　再配達（さいはいたつ）　営業所（えいぎょうしょ）　時間帯（じかんたい）　入力する（にゅうりょくする）　～桁（けた）
在宅（ざいたく）

■ 頼まなきゃ（たのまなきゃ）　よろしければ　訂正する（ていせいする）　承る（うけたまわる）

正解：　2

13番

男性が、本屋で店員に問い合わせをしています。
この男性は、A～Fのどの部分に記入しますか。

	書名	著者及び翻訳者	出版社
原書	A	B	C
邦訳	D	E	F

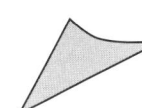

書籍在庫調査依頼票 （翻訳出版用）

1. A と B
2. A と C
3. D と E
4. D と F

実用

13番　書籍在庫調査依頼

答えることは❓
▶ この用紙の中で男性が書くところ

聞く前に✓
▶ この用紙は何に使うもの？
▶ どこに何を書くのか確認しておこう。

聞きながらメモ✏
▶ 男性がわかっていることは？

	書名	著者及び翻訳者	出版社
原書	A	B	C
邦訳	D	E	F

言葉・表現
□ 在庫（ざいこ）　依頼（いらい）　書名（しょめい）　著者（ちょしゃ）　翻訳者（ほんやくしゃ）　出版社（しゅっぱんしゃ）　原書（げんしょ）　邦訳（ほうやく）
■ 確か（たしか）　（おわかり）の範囲内で（はんいない）　結構（けっこう）

正解：1

14番

男子学生が、女子学生に家族旅行について相談しています。
この男子学生が女子学生に見せているプランは、どれですか。

プランA
期間：1週間
宿泊：温泉旅館
　　　（おいしい日本料理が有名）

★日本の古都、京都・奈良をぜいたくに回る旅
★観光スポットでたっぷり買い物が楽しめる

プランB
期間：1泊2日
宿泊：川のそばの日本旅館（温泉あり）

★江戸時代の面影の残る町並みでの散歩・買い物
★近くの陶芸場で焼き物体験

プランC
期間：2泊3日
宿泊：山のホテル

★館内には近代的な設備が整い、室内プール完備
★静かな環境で森林浴がたっぷり楽しめる

プランD
期間：1泊2日
宿泊：海沿いの日本旅館（景色がよい）

★きれいな海で日光浴や海水浴が楽しめる
★町から離れた静かなところでのんびり過ごす

1．プランA
2．プランB
3．プランC
4．プランD

実用

14番　家族旅行のプラン

答えることは　?

▶ 男子学生が女子学生に見せているプラン

聞く前に　✓

▶ 選択肢1～4のプランの違いに注意（期間の違い、宿泊先の違い、★に書いてあるプランの内容の違いなど）。

聞きながらメモ　✎

▶ 男性のそれぞれの家族の希望は？……お父さん・お母さん・妹さん
▶ お父さんの「日本情緒をたっぷり味わいたい」というのはどんな意味？
▶ 日本での滞在は何日？
▶ 家族が自由に行動できる日は何日？

言葉・表現

□温泉　ぜいたく　観光スポット　たっぷり　面影　町並み
陶芸場　焼き物体験
■希望　見物　日本情緒　味わう　滞在　団体　自由　行動

正解：　2

15番

女子学生と男子学生が、海外旅行用のスーツケースについて話しています。この女子学生は、レンタル料金をいくら払いますか。

<料金表>

レンタル日数	小（55cm）	中（63cm）	大（70cm）
5日	1,500円	2,000円	2,500円
6日	2,100円	2,600円	3,100円
7日	2,600円	3,100円	3,600円
8日	2,800円	3,300円	3,800円
9日以上	各サイズ、1日につき、8日の金額に200円増し		

※上記料金には配送料金は含まれておりません。
※レンタル日数は旅行日数に1日足した日数でお願いします。

1．3,700円
2．4,200円
3．5,100円
4．5,600円

実用

15番　スーツケースのレンタル料金

答えることは　?
- 女子学生が払う料金

聞く前に　✓
- 小、中、大とは何のことか。
- 「9日以上」の右側をよく読んでおこう。
- ※をよく読んでおこう。

聞きながらメモ　✎
- 旅行は何日間？
- 女子学生は小、中、大のどれ？
- レンタル日数は何日間？
- 往復配送料金はいくら？
- 全部でいくら？

＜料金表＞

レンタル日数	小（55cm）	中（63cm）	大（70cm）
5日	1,500 円	2,000 円	2,500 円
6日	2,100 円	2,600 円	3,100 円
7日	2,600 円	3,100 円	3,600 円
8日	2,800 円	3,300 円	3,800 円
9日以上	各サイズ、1日につき、8日の金額に200円増し		

※上記料金には配送料金は含まれておりません。
※レンタル日数は旅行日数に1日足した日数でお願いします。

1,400 円

レンタル料金（8日間）　　レンタル料金（9、10日目）　　往復配送料金
　　　　　　　円　＋　　　　　　　円　＋　　　　　　　円

言葉・表現

□スーツケース　レンタル　（200円）増し　上記　配送料金
含む　日数
■ゼミ旅行　手もある　（2、3万）もするんで　意外と
（入り）きらない　往復　届ける　回収する

正解：　4

相 談

CD1 17 1番

男子学生と女子学生が、ボランティア活動について話しています。
この女子学生は、どれに参加するつもりですか。

1.
```
お年寄りの介護ボランティア

期　間　　夏休み　8月10日～13日
時　間　　8時～17時
```

2.
```
「リフトつき自動車」の運転ボランティア

期　間　　夏期休暇中の都合のいい日
時　間　　9時～17時
資　格　　普通運転免許
```

3.
```
創作ダンス発表会の準備ボランティア

期　間　　7月26日～31日
時　間　　10時～15時
```

4.
```
「声の図書」朗読ボランティア

期間・時間　8月15日～31日・図書館の開館時間
対　象　　　朗読ボランティア養成講座修了者
```

相 談

1番　ボランティア活動参加

答えることは　?

▸ 女子学生が参加するボランティア

聞く前に　✓

▸ それぞれのボランティアの内容、期間、時間、資格などをチェック！
▸ 「お年寄り」「介護」「運転」「朗読」の読み方は？

聞きながらメモ　✎

「違う」とわかったものには、番号に×を書こう。
▸ 朗読ボランティアは？
▸ 7月25日から30日まではできる？
▸ 女子学生は運転免許を持っている？
最後までしっかり聞いて答えを確認！
▸ 「人と人とが直接触れ合う現場」と言っているので？

言葉・表現

□ボランティア　お年寄り（としより）　介護（かいご）　運転（うんてん）　免許（めんきょ）　朗読（ろうどく）
■専攻（せんこう）　コミュニケーション　集中講義（しゅうちゅうこうぎ）　都合（つごう）　何と言っても（なんといっても）
　直接（ちょくせつ）　触れ合う（ふれあう）

正解：　1

2番

留学生が、ほかの大学の図書館を利用します。
この留学生は、申し込み書の何番に○をつけますか。

依頼状作成申し込み書

必要なものの番号に○をつけてください。
　　　　利用を希望する大学名＿＿＿＿＿＿＿＿＿＿＿＿＿＿＿＿＿＿大学

	作成する書類	目的
1	閲覧依頼状	図書の閲覧、コピーをする（貸し出しはできません）
2	文献コピー依頼状	文献等のコピーを取り寄せる
3	図書貸し出し依頼状	図書を取り寄せる

学生番号　　　　　　　　氏名

1．　1
2．　2
3．　1と2
4．　3

> 相 談

2番　他大学図書館の申し込み

答えることは ❓
▸ 申し込み書で○をつける番号

聞く前に ✓
▸ 「依頼状」とは何？
▸ 「閲覧依頼状」、「文献コピー依頼状」、「図書貸し出し依頼状」の違いは何？

聞きながらメモ ✎
▸ この留学生がしたいことは？
▸ 「閲覧」「貸し出し」の意味は？

	作成する書類	目的
1	閲覧依頼状	図書の閲覧、コピーをする（貸し出しはできません）
2	文献コピー依頼状	文献等のコピーを取り寄せる
3	図書貸し出し依頼状	図書を取り寄せる

言葉・表現
□利用（りよう）する　依頼状（いらいじょう）　作成（さくせい）　閲覧（えつらん）　文献（ぶんけん）　等（とう）　取（と）り寄（よ）せる
■記入（きにゅう）する　関連（かんれん）

正解： 1

相 談

3番

男子学生と女子学生が、話しています。
二人は、どこへ行きますか。

科学未来館

東京都新宿区
利用時間：午前10時～午後5時
休館日　：火曜日
　　　　（祝日は開館）

新聞情報博物館

東京都中野区
利用時間：午前10時～午後5時
休館日　：月曜日
　　　　（祝日は開館）

印刷文化博物館

東京都豊島区
利用時間：午前10時～午後5時
休館日　：月曜日
　　　　（祝日は開館）

人と自然の博物館

東京都千代田区
利用時間：午前10時～午後5時
休館日　：月曜日
　　　　（祝日は開館）

1．科学未来館
2．新聞情報博物館
3．印刷文化博物館
4．人と自然の博物館

相 談

3番　博物館でのレポート資料探し

答えることは ?
▶ 二人が行くところ

聞く前に ✓
▶ 博物館の名前を見て、何を調べるのに便利か考えよう。
▶ 場所、利用時間、休館日などを見て、四つの博物館の同じところ、違うところをチェック！

科学未来館
東京都新宿区
利用時間：午前10時～午後5時
休館日：火曜日
　　　　（祝日は開館）

新聞情報博物館
東京都中野区
利用時間：午前10時～午後5時
休館日：月曜日
　　　　（祝日は開館）

印刷文化博物館
東京都豊島区
利用時間：午前10時～午後5時
休館日：月曜日
　　　　（祝日は開館）

人と自然の博物館
東京都千代田区
利用時間：午前10時～午後5時
休館日：月曜日
　　　　（祝日は開館）

聞きながらメモ ✎
▶ 何のレポートを書く？
▶ 実験や最先端の科学がわかるのはどれ？
▶ レポートにぴったりの名前はどれ？　そこにはどうして行けない？
▶ 「印刷と」からわかるのはどれ？　そこにはどうして行けない？
▶ 再来週の月曜日は何？　その日に行けるなら？

言葉・表現
□休館日（きゅうかんび）　祝日（しゅくじつ）　開館（かいかん）　情報（じょうほう）　博物館（はくぶつかん）　印刷（いんさつ）
■材料探し（ざいりょうさがし）　実験（じっけん）　体験（たいけん）　海の底（うみのそこ）　調査船（ちょうさせん）　最先端（さいせんたん）
（名前）からして　先端科学（せんたんかがく）　再来週（さらいしゅう）

正解： 2

相談

4番

大学の先生と女子学生が、社会学のレポートのメモを見ながら話しています。女子学生は、このメモのどの部分を変更しますか。

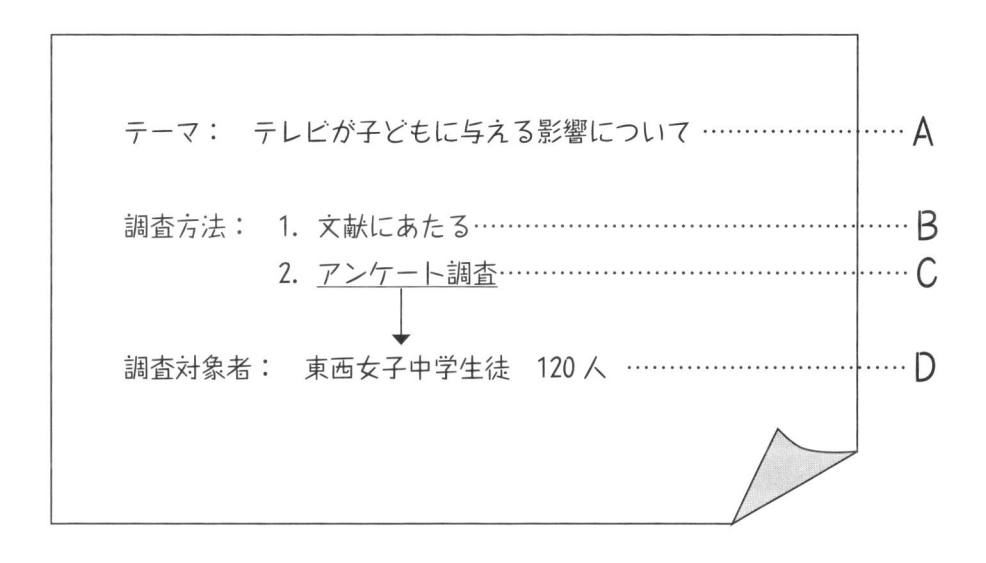

```
テーマ：　　テレビが子どもに与える影響について ………… A

調査方法：　1. 文献にあたる ………………………………… B
　　　　　　2. アンケート調査 ………………………………… C
　　　　　　　　↓
調査対象者：東西女子中学生徒　120人 ………………… D
```

1. AとB
2. BとC
3. BとD
4. CとD

相談

4番　レポート作成の相談

答えることは ?
▶ メモの変更部分

聞く前に ✓
▶ A～Dの項目の違いに注意（Aはテーマ、BとCは調査方法、Dは調査対象者）。

聞きながらメモ ✎
▶ テーマは変わる？
▶ 先生の最初の質問は？
▶ アンケート調査について、先生が女子学生に確認したことは？
▶ 女子学生の返答を聞いて、先生はどんなアドバイスを？

言葉・表現	□変更　テーマ　文献　調査 ■あたる　データ　載る　先方　了解　最低　人数　半々 　ぐらい　偏る　可能性

正解： 3

5番

男子学生と女子学生が、掲示板を見ながら話しています。
この男子学生は、どの授業を選びましたか。

体育選択科目について

種目：バレーボール
月曜日3時間目　A体育館
担当教官：森田先生
＊練習試合多数あり

種目：サッカー
月曜日3時間目　Bグラウンド
担当教官：金子先生
定員40名（多数の場合、抽選）

種目：水球
火曜日2時間目　第1プール
担当教官：青木先生
＊後期はスケートに変わる

種目：ジャズダンス
月曜日1時間目　C体育館
＊初回のみ第3講義室
担当教官：村野先生

1．バレーボール
2．サッカー
3．水球
4．ジャズダンス

相談

5番　体育選択科目

答えることは　?
▹ 男子学生が選んだ授業

聞く前に　✓
▹ 体育選択科目の種目は？
▹ それぞれの種目の曜日や時間は？
▹ 「＊」に書かれていることに気をつけよう。

聞きながらメモ　✎
▹ 男子学生の都合が悪いことはどんなこと？
▹ 興味を持ったことは？
▹ 1年で二つのスポーツができるのはどれ？

言葉・表現	□サッカー　（多数）の場合　抽選　水球　後期　スケート　ジャズダンス ■人気　すごい　（抽選）に弱い　チャレンジ

正解：　3

相 談

6番

男子学生と女子学生が、図書館で話しています。
男子学生は、パソコンでメニューの何番を選びますか。

```
次のことは、このパソコンでもできます。
番号を選んでください。

  図書の検索          1
  貸し出し状況のチェック  2
  借りたい本の予約      3
  購入希望本のリクエスト  4
```

1. 1と2
2. 2と3
3. 1と3
4. 3と4

| 相　談

6番　図書館のPCメニュー選択

答えることは❓
▷ 男子学生が選ぶメニューの番号

聞く前に ✓
▷ パソコン画面の1〜4に出てくる漢字の読み方は？
▷ 選択肢1〜4をチェック！

聞きながらメモ✏️
▷ 男子学生は何をしたい？
▷ 女子学生のアドバイスは？

言葉・表現

□検索　貸し出し　状況　購入　希望　リクエスト
■係の人　発達心理学　参考図書　別
（借り）ちゃった（＝てしまった）　（予約〈を〉）しとく（＝しておく）

正解：　2

相 談

7番

男子学生と女子学生が、話しています。
男子学生の考えと同じなのは、何番ですか。

アルバイトに対する考え方

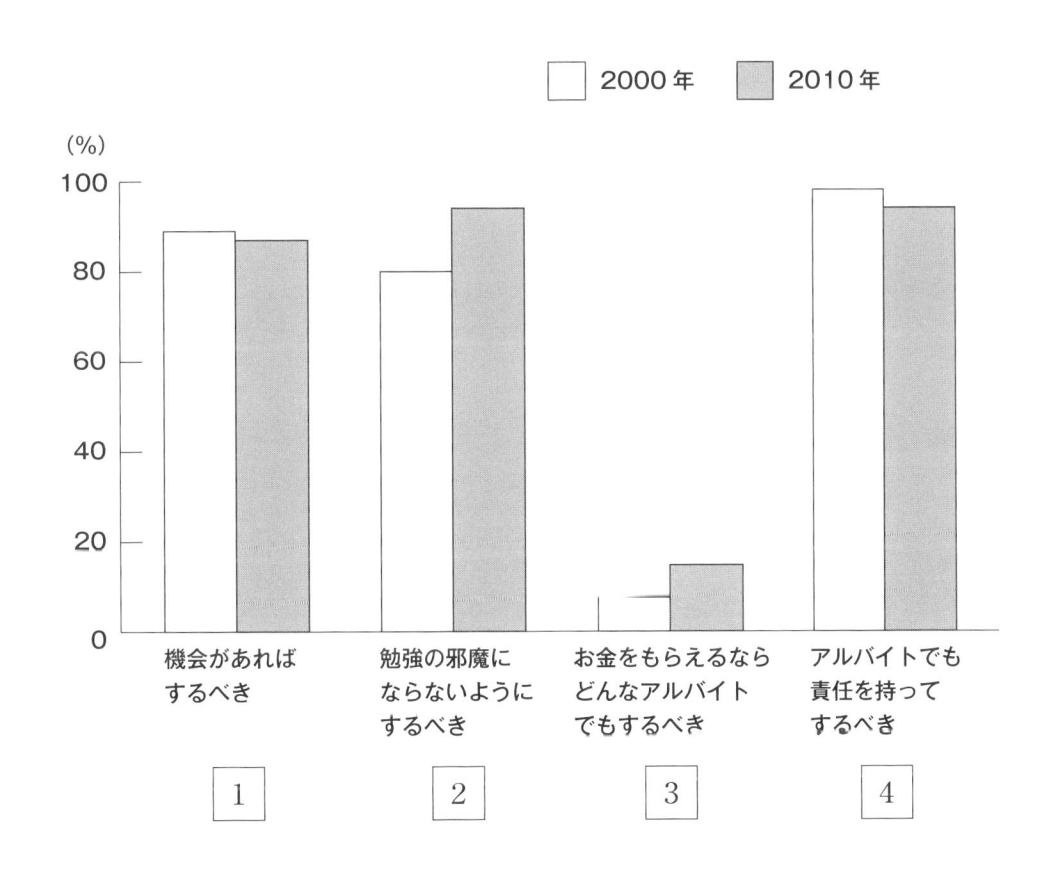

□ 2000年　■ 2010年

1. 機会があればするべき
2. 勉強の邪魔にならないようにするべき
3. お金をもらえるならどんなアルバイトでもするべき
4. アルバイトでも責任を持ってするべき

相 談

7番　大学生のアルバイト

答えることは ?
- 男子学生と同じ考えのグラフ

聞く前に ✓
- どんなグラフ？
- グラフの中にどんな答えがある？
- 2001年と2010年で違いがある答えは何？

聞きながらメモ 📝
- 「もしチャンスがあったら、やったほうがいと思う」という女子学生の考えと近いのは何番？
- 「そうやって、アルバイトを一生懸命やって、勉強ができなくなったら、それはもっとよくないんじゃない？」という男子学生の考えと近いのは何番？

言葉・表現	□（アルバイト）に対する　機会（きかい）　邪魔（じゃま） ■社会勉強（しゃかいべんきょう）　考（かんが）えさせられる　意識（いしき）　一生懸命（いっしょうけんめい） 確（たし）かにそうだけど……

正解： 2

相談

8番

女子学生が、電話でボランティアの問い合わせをしています。
この学生がボランティアに参加する日は、いつですか。

<学生の手帳>

日	月	火	水	木	金	土
				1	2	3
4 アルバイト 9時〜5時	5	6	7 経営学休講	8	9	10 アルバイト 4時から
11	12 3時田村先生の研究室	13	14	15 ゼミ発表	16 7時新宿でマリと会う	17
18 アルバイト 9時〜5時	19 ドイツ語テスト（1限）	20 心理学レポート提出日	21	22 期末試験	23	24 午後ゼミ打ち合わせ

1．3日
2．10日
3．17日
4．24日

相 談

8番　ボランティア問い合わせ

答えることは　❓
▶ 女子学生がボランティアに参加する日

＜学生の手帳＞

日	月	火	水	木	金	土
				1	2	3 ✕
4 アルバイト 9時〜5時	5	6	7 経営学休講	8	9	10 アルバイト 4時から
11	12 3時田村先生の研究室	13	14	15 ゼミ発表	16 7時新宿でマリと会う	17
18 アルバイト 9時〜5時	19 ドイツ語テスト（1限）	20 心理学レポート提出日	21	22 期末試験	23	24 午後ゼミ打ち合わせ

聞く前に　✓
▶ 選択肢1〜4にあたるカレンダーのところに印をつけよう。
▶ 10日、24日のメモをよく読んでおこう。特に時間に注意！

聞きながらメモ　✎

参加できない日はカレンダーに×を書き入れていこう。
▶ 女子学生の第一希望は？　その日はどうしてダメ？
▶ 2週と4週の土日とは、何日のこと？　何時から？
▶ 3週の土日とは、何日のこと？　何時から？
▶ 何時間する？
▶ 24日は？　その次の「朝はちょっと」に注意！
▶ 「ちょっと早く帰ってもいいでしょうか」というのは何日のこと？

言葉・表現
□ボランティア　ゼミ発表（はっぴょう）　打ち合わせ（うちあわせ）
■締（し）め切（き）る　(2)週（しゅう）　土日（どにち）　いずれも　（朝（あさ））はちょっと……
前（まえ）もって

正解：　2

9番

先輩学生が、新入生と話しています。
先輩学生が案内する順番は、どれですか。

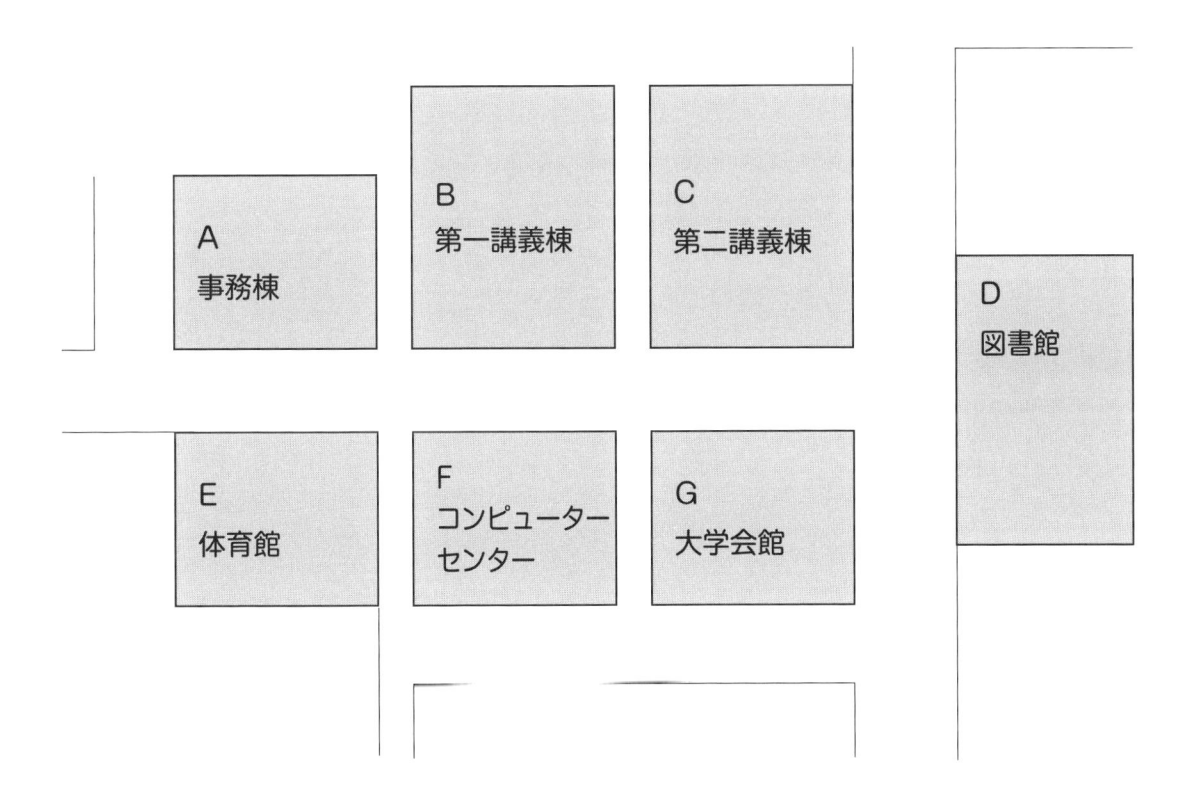

A 事務棟	B 第一講義棟	C 第二講義棟	D 図書館
E 体育館	F コンピューターセンター	G 大学会館	

1. A → F → G → D
2. A → G → F → D
3. G → F → A → D
4. G → A → F → D

相 談

9番　キャンパスの案内

答えることは ?
▶ 先輩学生が案内する建物の順番

聞く前に ✓
▶ 何がどこにあるかに注意。

聞きながらメモ ✎
▶ 1番目の新入生の質問に先輩学生が答えたことは？
▶ 2番目の新入生の質問に先輩学生が答えたことは？
▶ 3番目の新入生の質問に先輩学生が答えたことは？
▶ 4番目の新入生の質問に先輩学生が答えたことは？

言葉・表現
□ 先輩（せんぱい）　案内（あんない）　事務（じむ）　棟（とう）　センター　会館（かいかん）
■ 学部（がくぶ）　特に（とくに）　希望（きぼう）　奨学金（しょうがくきん）　学生課（がくせいか）　かかわり　深い（ふかい）
　登録（とうろく）　下ろす（おろす）　ATM　売店（ばいてん）　一通り（ひととおり）　（込まない）うちに
　解散（かいさん）　予定（よてい）

正解： 4

10番

留学生同士が、研修会でどの分科会に参加しようか、話し合っています。
この二人は、どの分科会に申し込みますか。

1.
第1分科会
★これからの教育を考える
コメンテーター：山本和夫

大学の改革だけでなく、小・中・高等学校における教育についても考える。

2.
第2分科会
★真の教育改革は家庭から
コメンテーター：田中ゆり

学校教育にのみ目を向けるものではなく、足元の家庭のあり方も考え直してみる必要がある。

3.
第3分科会
★留学生とともに考えよう
コメンテーター：坂本正男

留学生とのコミュニケーションの中に、大学改革のための貴重なヒントが隠されている。

4.
第4分科会
★地域社会とともに育つ子どもたち
コメンテーター：大田浩

学校教育・家庭教育も重要だが、温かい地域社会にこそ教育のカギがあるのではないか。

相談

10番　研修会への参加

答えることは　?
▶ 二人が申し込む分科会

聞く前に　✓
▶ それぞれの分科会のテーマは？
▶ 内容も確認しよう。

聞きながらメモ　✎
▶ 男子学生が興味を持っているテーマは？
▶ 女子学生が興味を持っているテーマは？
▶ 男子学生は、留学生がテーマでなければ何に興味がある？
▶ 女子学生の考えは？
▶ 最後に二人の意見が一致したのは？

| 言葉・表現 | □留学生　分科会　大学　改革　(小・中・高等学校)における
教育改革　家庭　(学校教育)に目を向ける　(家庭)のあり方
地域社会
■研修会　(留学生の問題)を扱う　協議会　(責任)を負う
教育方針　(家庭教育)にとらわれないで　視点 |

正解：　4

11番

女子学生と男子学生が、「健康診断のしおり」を見ながら話しています。男子学生は、どの順番で健康診断をしますか。

～健康診断のしおり～

日時：女子学生　4月10日（月）9:00～17:00
　　　男子学生　4月11日（火）9:00～17:00

場所：健康センター2階

項目：A　問診
　　　B　レントゲン
　　　C　尿検査
　　　D　血圧測定
　　　E　身長・体重測定

(注)　1　問診は必ず最初に受けること
　　　2　それ以外は特に順番は問わない
　　　3　身長・体重測定は新入生以外は希望者のみ

1. D→C→E→B
2. D→C→B→E
3. A→D→C→B
4. A→D→B→C

相談

11番　健康診断の順番

答えることは ❓
▷ 男子学生が受ける項目の順番

聞く前に ✓
▷ A、C、Dの漢字の読み方は？
▷ （注）をよく読んでおこう。（注）を読むと、答えが二つに減らせる！！
▷ 選択肢1〜4をチェック！

聞きながらメモ ✏️

聞きながら、順番を記入。
▷ 身長、体重測定はやらなければならない？
▷ 血圧はいつ行くのがいい？
▷ レントゲンはいつ行くのがいい？

項目：A	問診	1
B	レントゲン	4
C	尿検査	3
D	血圧測定	2
E	身長・体重測定	×

言葉・表現
□健康診断　順番　問診　レントゲン　尿　検査　血圧　測定
■結構　込む　（順番を）うまくする　測る　あと回しにする

正解：　3

12番

大学の職員が、地図を見せながら教科書販売について説明しています。
文学部の学生は、どの順番で買いに行きますか。

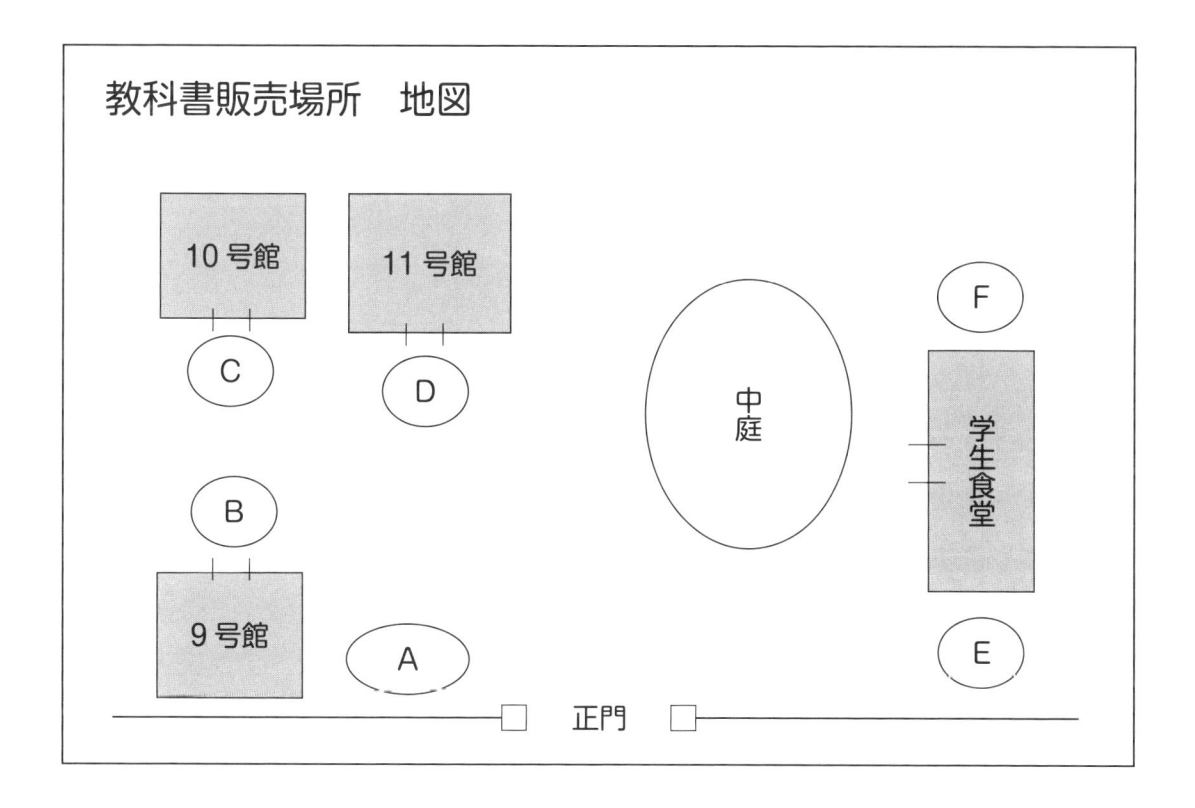

教科書販売場所　地図

1. A→F→C
2. C→A→F
3. E→D→A
4. C→A→E

相談

12番　教科書販売

答えることは❓
▶ 文学部の学生が教科書を買う順番

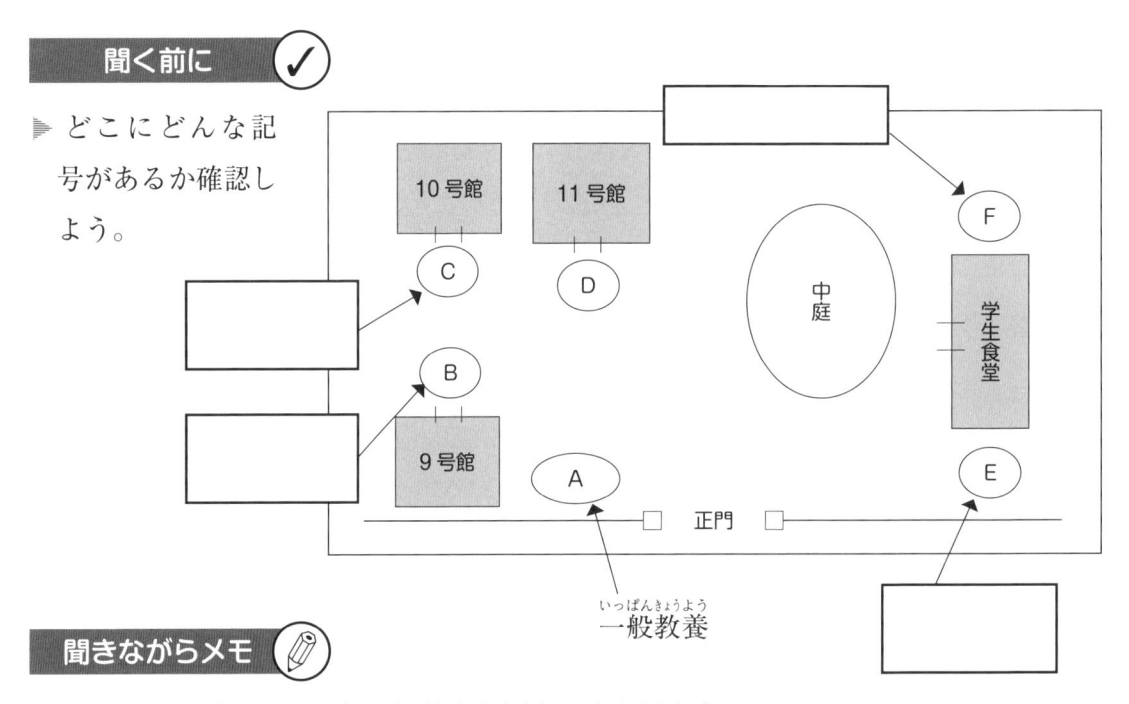

聞く前に✓
▶ どこにどんな記号があるか確認しよう。

聞きながらメモ✏
▶ 地図の中に誰がどこで何の教科書を買うか書き込もう。
▶ 文学専攻の学生の教科書はどこで売っている？
▶ 文学部の学生が買う第1外国語の教科書はどこで売っている？
▶ 買う順番は？

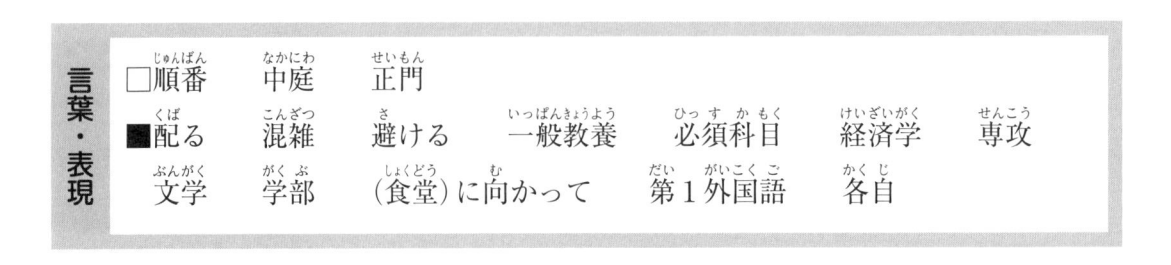

言葉・表現						
□順番	中庭	正門				
■配る	混雑	避ける	一般教養	必須科目	経済学	専攻
文学	学部	(食堂)に向かって	第1外国語	各自		

正解： 2

13番

警察の人が、飲酒運転について話しています。
警察の人が最後にした質問の答えは、どれですか。

$$\text{アルコールの処理時間} = \frac{\text{摂取量（飲んだ分量×アルコール度数×0.008）}}{\text{処理量（体重10kgあたり、1時間に約1g）}}$$

例）ビール500ml（アルコール度数5%）を2本、体重50kgの人が飲んだ場合
　　　摂取量 = 40　　処理量 = 5

1．午前5時まで
2．午前6時まで
3．午前7時まで
4．午前8時まで

相談

13番　飲酒運転

答えることは　?
▶ 最後の質問の答え

聞く前に　✓
▶ 上の式をよく見よう。
▶ 例の処理時間は何時間になるか、上の式に当てはめて考えておこう。
▶ 選択肢は「〜時間」ではないことに注意！

聞きながらメモ
式を見ながら説明を聞こう。
▶ 例の処理時間を計算すると？
▶ 夜の11時に処理時間を足すと？

言葉・表現	□処理（しょり）　摂取（せっしゅ）　量（りょう）　（10kg）あたり ■翌朝（よくあさ）　一晩（ひとばん）　翌日（よくじつ）　体内（たいない）　式（しき）　用いる（もちいる）　割る（わる）

正解：　3

＊ビール以外のお酒のアルコール度数（平均値）
　　　ワイン・・・・12%　　　日本酒・・・・15%
　　　焼酎・・・・25%　　　ウイスキー・・・43%

相談

14番

先生と女子学生が、食事について話しています。
この女子学生は、これからどんなことに気をつけなければなりませんか。

5-7 SV	主食	（ごはん、パン、麺）
5-6 SV	副菜	（野菜、きのこ、いも、海藻料理）
3-5 SV	主菜	（肉、魚、卵、大豆料理）
2 SV	牛乳・乳製品	
2 SV	果物	

（農林水産省「食事バランスガイド」参照）

1．主食を今の食事より減らす。
2．主食を今の食事より増やす。
3．お菓子の量を減らす。
4．果物の量を増やす。

相　談

14番　食事バランスガイド

答えることは　❓
▶ 女子学生がこれから気をつけること

聞く前に　✓
▶ 選択肢1～4をよく見ておこう。
▶ 「主食」「お菓子」「果物」が図のどこにあるかチェック！

聞きながらメモ　✎
▶ SVとは？　全体のバランスは？
▶ 女子学生は食事のとき、ご飯をどのくらい食べる？
▶ お菓子は？

言葉・表現

□食事　　主食（しゅしょく）　果物（くだもの）　減（へ）らす　　増（ふ）やす　　お菓子（かし）　　量（りょう）
■バランス　　ガイド　　区分（くぶん）　　示（しめ）す　　単位（たんい）　　炭水化物（たんすいかぶつ）　　目安（めやす）
　全体（ぜんたい）　　三角形（さんかっけい）　　下向（したむ）き　　仕方（しかた）　　反対（はんたい）　　太（ふと）る

正解：　2

相 談

15番

男子学生と女子学生が、話しています。
女子学生のストレスの対処法は、どれですか。

ストレスの対処法（15歳以上）

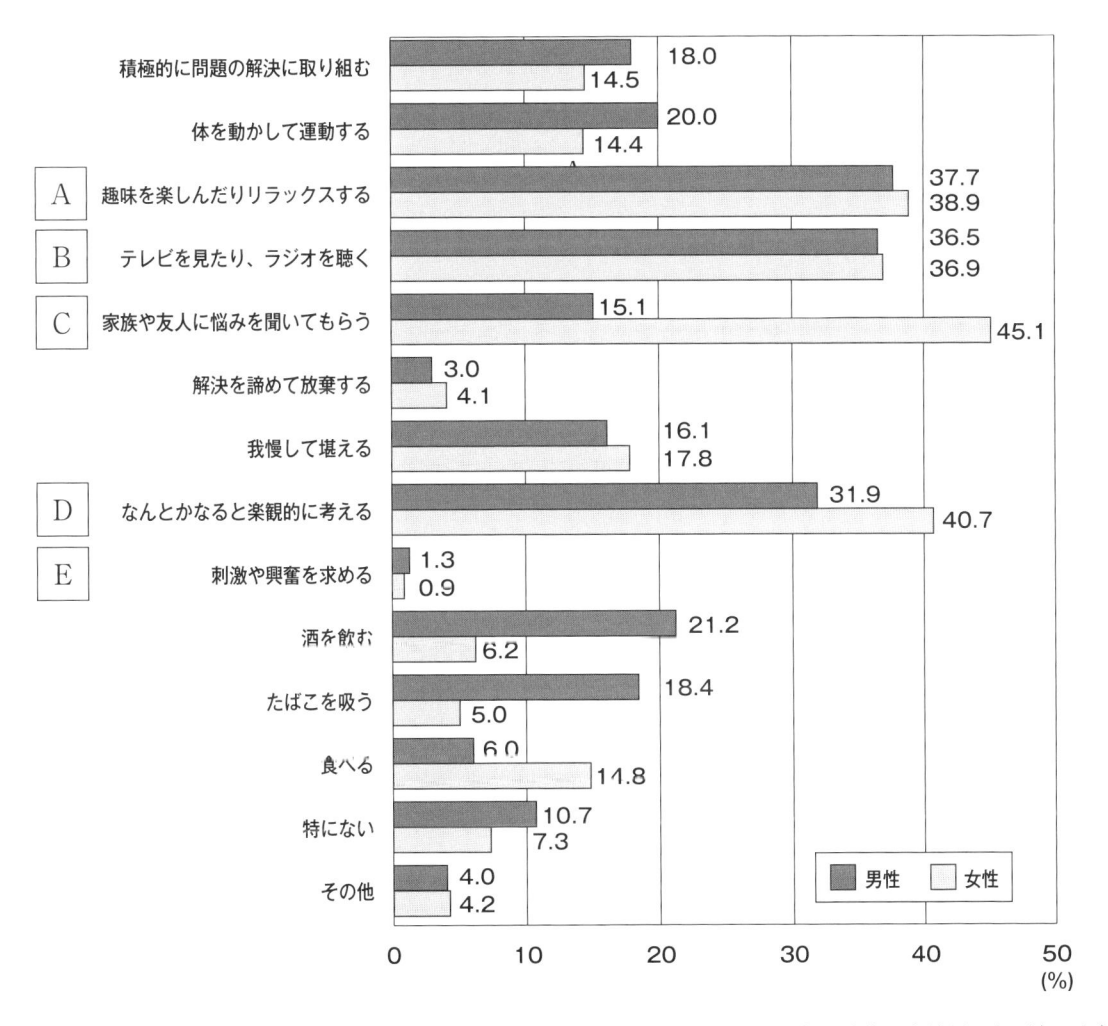

	項目	男性	女性
	積極的に問題の解決に取り組む	18.0	14.5
	体を動かして運動する	20.0	14.4
A	趣味を楽しんだりリラックスする	37.7	38.9
B	テレビを見たり、ラジオを聴く	36.5	36.9
C	家族や友人に悩みを聞いてもらう	15.1	45.1
	解決を諦めて放棄する	3.0	4.1
	我慢して堪える	16.1	17.8
D	なんとかなると楽観的に考える	31.9	40.7
E	刺激や興奮を求める	1.3	0.9
	酒を飲む	21.2	6.2
	たばこを吸う	18.4	5.0
	食べる	6.0	14.8
	特にない	10.7	7.3
	その他	4.0	4.2

（厚生労働省「平成19年国民健康・栄養調査結果の概要」より）

1. A・B
2. C・D
3. C・E
4. A・D

相談

15番　ストレス対処法

答えることは　?
▷ 女子学生のストレスの対処法

聞く前に　✓
▷ グラフのA〜Eの項目をチェック!

聞きながらメモ　✎
あてはまらないものを削除していこう。
▷ 男子学生のストレス対処法は?
▷ 女子学生はどうして「典型的」だと言った?
▷ 「前向きに考える」というのはA〜Eのどれにあてはまる?

| 言葉・表現 | □ストレス　対処（たいしょ）　(対処)法（たいしょほう）　解決（かいけつ）　趣味（しゅみ）　諦める（あきらめる）　楽観的（らっかんてき）（な）
■解消する（かいしょう）　ぼーっと　（自分の健康（じぶんけんこう））だけで(じゃ)なく　アルコール
典型的（てんけいてき）（な）　いつの間（ま）にか　前向き（まえむき）（な） |

正解：　2

発表

1番

男子学生と女子学生が、ある町の予算について話しています。
A、B、Cは、それぞれ何を表していますか。

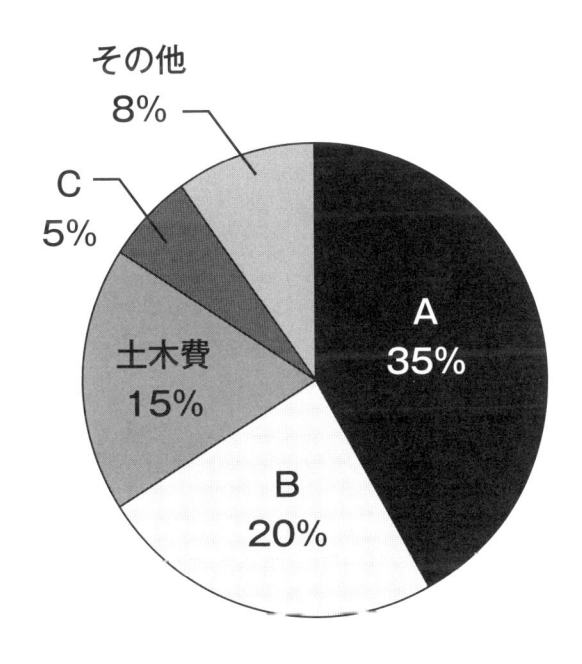

```
その他 8%
C 5%
土木費 15%
A 35%
B 20%
```

1. Aは教育費、Bは民生費、Cは環境費
2. Aは民生費、Bは教育費、Cは環境費
3. Aは民生費、Bは環境費、Cは教育費
4. Aは環境費、Bは民生費、Cは教育費

発　表

1番　町の予算

答えることは ?
▶ A、B、Cが表している予算項目

聞く前に ✓
▶ A、B、Cの割合をチェック！
▶ 「教育費」「民生費」「環境費」の読み方は？
▶ 1〜4の選択肢をチェック！

聞きながらメモ ✎
A〜Cに項目を書き入れよう！
▶ 環境費はA〜Cのどれ？
▶ 民生費と教育費はどちらが多い？

言葉・表現
□予算　土木費　教育費　民生費　環境費
■ゼミ　発表　資料　地方　グラフ　環境問題　(三)分の(一)
（もっと環境問題にお金を使う）べき　確かに　高齢者　障害
福祉　意外（な）

正解：　2

2番

日本人学生と女子留学生が、アンケート結果について話しています。
女子留学生がよくわかると言っているのは、どのコメントですか。

＜留学生の大学教育に対する満足度＞

Q． 学校での講義は全般的にどうですか？

	コメント	％
1	全体的に満足している	13.5
2	専門分野の講義のレベルが低すぎると感じることがある	5.5
3	専門分野の講義のレベルが高すぎると感じることがある	16.5
4	講義の内容がわからず日本語の能力に自信を失うことがある	64.5
	合計	100

発表

2番　留学生へのアンケート結果

答えることは　?

▶ 女子留学生がよくわかると言っているコメント

聞く前に　✓

▶ 何のアンケート？
▶ 「Q．学校での講義は全般的にどうですか？」の質問に対して、どんなコメントがある？
▶ コメントで一番割合が多いのはどんな内容？　一番少ないのは？

聞きながらメモ　✎

▶ 女子留学生は講義についてどう思っている？
▶ 日本人学生は女子留学生の日本語についてどう思っている？
▶ 女子留学生がアンケートの結果を見て、思ったことは何？

言葉・表現

□アンケート　教育(きょういく)　満足度(まんぞくど)　講義(こうぎ)　全般的(ぜんぱんてき)　専門分野(せんもんぶんや)　レベル　自信(じしん)　失う(うしなう)
■意識調査(いしきちょうさ)　考えちゃう　やっぱり　（言葉）のせい　悩む(なやむ)　けっこう

正解：　4

3番

男子学生が、女子学生に省エネについてインタビューしています。
この女子学生の部屋の省エネ度は、どれになりますか。

	心がけていること	○か×
①	暖房は室温が18℃以下、冷房は28℃以上にならないと使用しない。	
②	勉強するときとくつろぐときに電気の明るさを区別する。	
③	新しい製品を買うときは、省エネ型のものを選ぶ。	
④	テレビや電気をつけっぱなしにしない。	
⑤	使わない電気製品はプラグを抜いておく。	

1．省エネ度A
2．省エネ度B
3．省エネ度C
4．省エネ度D

発表

| 3番 | 省エネ度 |

答えることは ?

▶ 女子学生の省エネ度

聞く前に ✓

▶ ①〜⑤をよく読んでおこう。

聞きながらメモ ✎

聞きながら、「○か×」の欄に書き入れていこう。
▶ 「とても無理です」「いやなんです」は○？　×？
▶ 女子学生は○がいくつ？
▶ ○が五つの人は省エネ度が？　○が三つと四つの人は？　○が一つと二つの人は？
　○が0の人は？

	心がけていること	○か×
①	暖房は室温が18℃以下、冷房は28℃以上にならないと使用しない。	×
②	勉強するときとくつろぐときに電気の明るさを区別する。	×
③	新しい製品を買うときは、省エネ型のものを選ぶ。	
④	テレビや電気をつけっぱなしにしない。	
⑤	使わない電気製品はプラグを抜いておく。	

言葉・表現
□省エネ　（省エネ）度　心がける　暖房　室温　冷房
くつろぐ　区別　（省エネ）型　（つけっ）ぱなし　プラグ
■診断　チェック項目　目標　のんびり　十分　しばらく　先輩

正解：　2

4番

女子学生が、地球環境についてレポートを発表しています。
この女子学生が注目しているところは、どこですか。

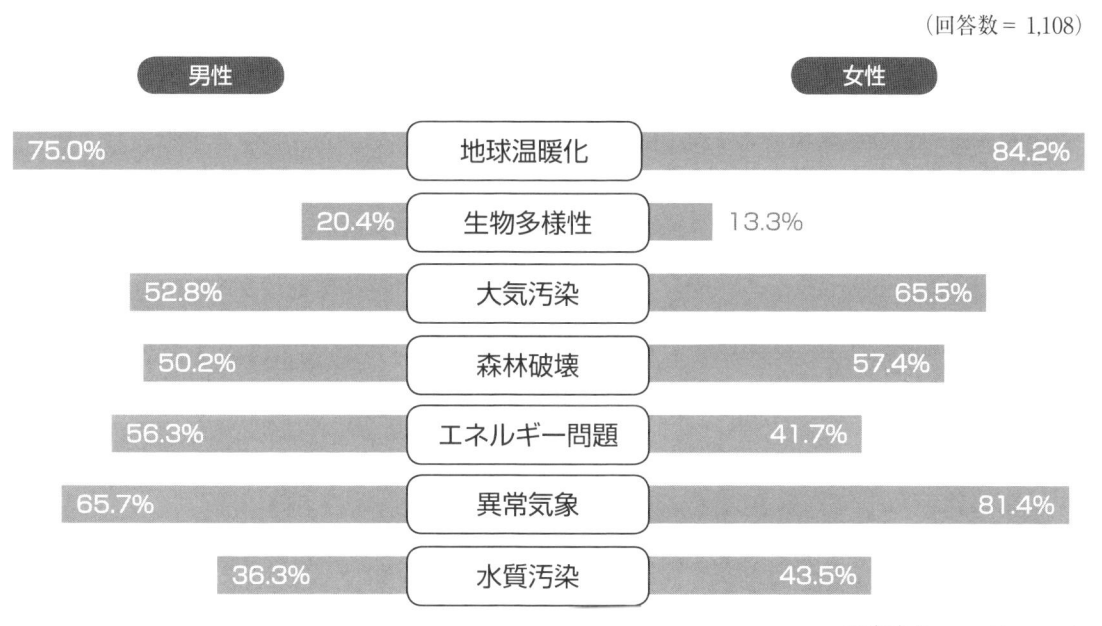

(回答数 = 1,108)

男性	項目	女性
75.0%	地球温暖化	84.2%
20.4%	生物多様性	13.3%
52.8%	大気汚染	65.5%
50.2%	森林破壊	57.4%
56.3%	エネルギー問題	41.7%
65.7%	異常気象	81.4%
36.3%	水質汚染	43.5%

調査協力：goo Research
(『メトロガイド』2010年7月号より)

1．生物多様性
2．大気汚染
3．森林破壊
4．水質汚染

発表

| 4番 | 地球環境についてのレポート |

答えることは ❓

▶ 女子学生が注目しているところ

聞く前に ✓

▶ 選択肢1～4の中で、女性より男性が関心が高いもの、男性より女性が関心が高いものに注意。

聞きながらメモ ✏️

▶ どんなことを調べた結果のデータ？
▶ 女子学生が注目したのは何？
▶ 「男女差7％ぐらい」の項目はどれ？
▶ 日常生活とかかわりが深いのはどれ？
▶ 洗濯をするとき、身近に感じるのはどれ？

言葉・表現

□ 地球環境（ちきゅうかんきょう）　女性（じょせい）　地球温暖化（ちきゅうおんだんか）　注目（ちゅうもく）　生物多様性（せいぶつたようせい）　大気汚染（たいきおせん）
森林破壊（しんりんはかい）　異常気象（いじょうきしょう）　水質汚染（すいしつおせん）

■ 人々（ひとびと）　関心（かんしん）　データ　全国（ぜんこく）　男女（だんじょ）　気になる（きになる）　結果（けっか）　得る（える）
差（さ）　日常生活（にちじょうせいかつ）　かかわり　意識（いしき）　（ではないか）と思われる（おもわれる）
家庭内（かていない）　家事（かじ）　洗濯（せんたく）　特に（とくに）　身近（な）（みぢか）　感じる（かんじる）

正解：　4

発 表

5番

学生が、レポートの作成について教授に相談しています。
先生は、このプリントのA〜Dのどの部分に時間がかかると話していますか。

レポート作成手順

① テーマを決める
② 調査
　　・調査実施 ・・・・・・・・・・・・・・・・・ A
　　・データ整理 ・・・・・・・・・・・・・・・ B
　　・仮説の見直し・考察 ・・・・・・・ C
③ 構成を考える ・・・・・・・・・・・・・・・ D
④ 書く

1．A
2．B
3．C
4．D

発表

5番　レポートの作成手順

答えることは❓
▶ プリントのA〜Dのどれに時間がかかるか

聞く前に✓
▶ プリントのA〜Dをチェック！

聞きながらメモ✏️
▶ 問題に関係のあるところはどこ？（テーマ？　調査方法？）
▶ 「仮説を検証したり、修正したりする」ことは、A〜Dのどれにあたる？

言葉・表現
□レポート　手順(てじゅん)　調査(ちょうさ)　実施(じっし)　データ　整理(せいり)　仮説(かせつ)
見直(みなお)し　考察(こうさつ)　構成(こうせい)
■キャリアデザイン　転職(てんしょく)　アンケート　依頼書(いらいしょ)　集計(しゅうけい)　検証(けんしょう)
修正(しゅうせい)

正解：3

発表

6番

女子学生が、子どもと遊びについて発表しています。
女子学生の質問に対して先生が挙げた例は、A～Dのどれですか。

子どもと遊びについて

田中ゼミ
木村　良子

Ⅰ：子どもたちが外遊びをしなくなった原因

　　A：時間の減少
　　B：空間の減少
　　C：人数の減少
　　D：方法の貧困化

Ⅱ：解決策

Ⅲ：まとめ

1．A
2．B
3．C
4．D

発表

6番　子どもと遊び

答えることは　？
- 先生が挙げた例

聞く前に　✓
- レジュメをよく読んでおこう。
- 「減少」「貧困」の読み方は？

聞きながらメモ　✎
- 遊びの方法の貧困化とは？
- 田中先生が子どもだった頃と今とを比べて、違うことは？

言葉・表現

□ 外遊び（そとあそ）　減少（げんしょう）　貧困（ひんこん）　解決策（かいけつさく）
■ 減る（へ）　遊び場（あそば）　集団（しゅうだん）　関連（かんれん）　空き地（あち）

正解： 2

発表

7番

男子学生と女子学生が、グラフを見ながら話しています。
男子学生が自分の能力が低下していると思っているのは、どれですか。

日本人の4技能に関する能力の変化

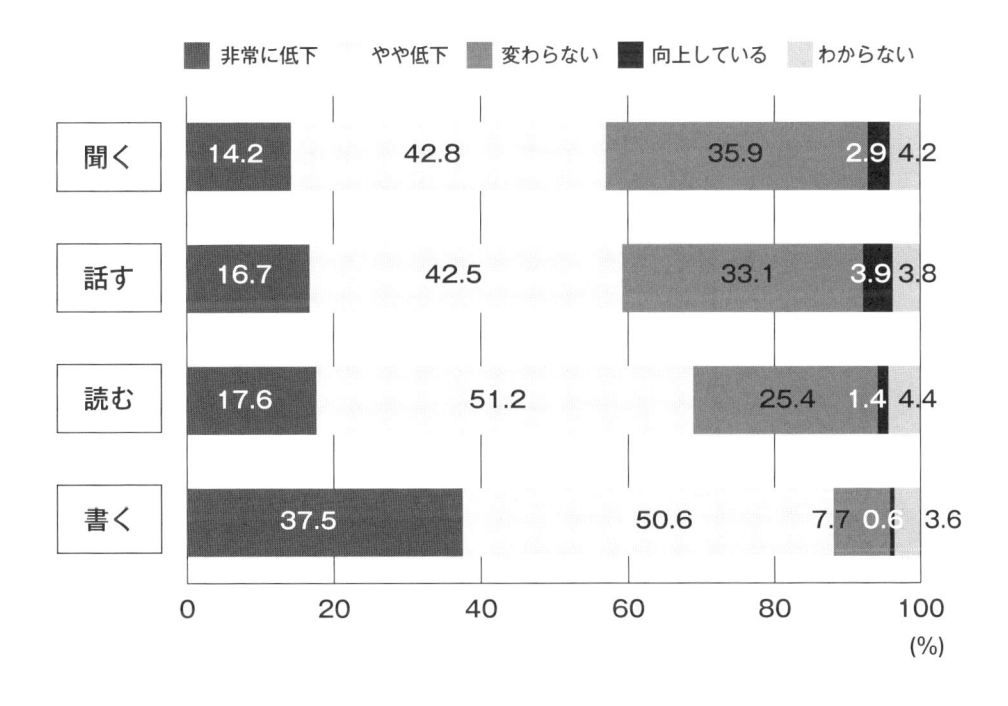

■ 非常に低下　　やや低下　　変わらない　■ 向上している　　わからない

技能	非常に低下	やや低下	変わらない	向上している	わからない
聞く	14.2	42.8	35.9	2.9	4.2
話す	16.7	42.5	33.1	3.9	3.8
読む	17.6	51.2	25.4	1.4	4.4
書く	37.5	50.6	7.7	0.6	3.6

(文化庁『国語に関する世論調査2001年度』より)

1. 「聞く」と「話す」
2. 「話す」と「読む」
3. 「話す」と「書く」
4. 「聞く」と「書く」

発表

7番　国語に関する世論調査

答えることは ❓
▶ 男子学生が低下していると感じる能力

聞く前に ✓
▶ 何を示すグラフ？
▶ それぞれの特徴を素早くつかもう。［非常に低下］が一番多い能力はどれか、「向上している」にも注目しよう。

聞きながらメモ ✏️
▶ 「ぼくもそう感じるなあ」は、どの能力について話している？
▶ 「手紙よりもメール」と「電話でいい」は、どんな能力について話しているか？

言葉・表現
□技能　非常に　低下　やや　向上する
■国語　〜に関する　世論調査　全体的　どちらかと言えば
　活字離れ　確かに　済ませる　世の中

正解： 3

発 表

8番

学生が、ゼミで発表しています。
この学生が例に挙げた商品は、四つの基本戦略のうち、どれを取り入れて成功しましたか。

ブランドの四つの基本戦略

		採用するブランド	対象にする市場
1	ブランド強化	今までと同じ	今までと同じ
2	ブランド・リポジショニング	今までと同じ	新しい市場
3	ブランド変更	新しいブランド	今までと同じ
4	ブランド開発	新しいブランド	新しい市場

発表

8番　ブランドの基本戦略

答えることは ❓
▶ 学生が例に挙げた商品が成功した戦略

聞く前に ✓
▶ 表をよく見よう。（横は2項目、縦は4項目）
▶ 「採用するブランド」にも「対象にする市場」にもある、2種類の同じ項目に注意。

聞きながらメモ ✏️
▶ 上の二つの項目で同じことと違うことは？
▶ 下の二つの項目で同じことと違うことは？
▶ 学生が例に挙げた商品は商品名を変える必要がある？　商品の販売対象は誰から誰になっている？

言葉・表現

□商品　ブランド　対象　強化　変更　開発
■売り上げ　減少　伸ばす　手元　有効　販売　従来　方針
延長　広げる　ベビーオイル　少子化　進む　市場調査
安心　安全　イメージ　スキンケア　売り出す　アップ

正解：　2

9番

男子学生が、コミュニケーションと位置関係について発表しています。
男子学生が最後に説明しているのは、どれですか。

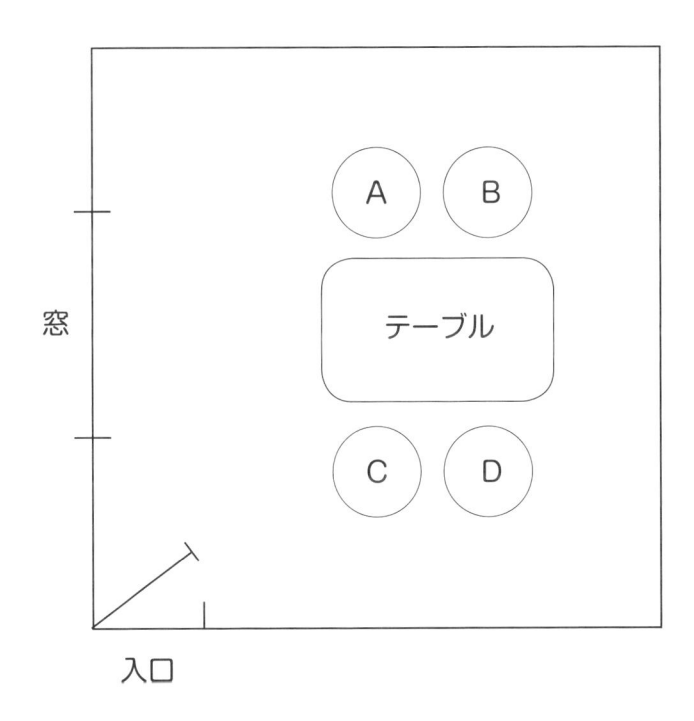

1. D＝会話の中心　A＝はずれる人
2. B＝会話の中心　A＝はずれる人
3. B＝会話の中心　D＝はずれる人
4. A＝会話の中心　B＝はずれる人

発表

9番　コミュニケーションと位置関係

答えることは ?

▶ 男子学生の最後の説明にあたるもの

聞く前に ✓

▶ 入口の位置とA、Bの位置をよく見ておこう。
▶ 選択肢1～4をよく読んでおこう。
▶ 選択肢の同じ部分にはわかりやすい印を書いておこう。

1. D＝会話の中心　A＝はずれる人
2. B＝会話の中心　A＝はずれる人
3. B＝会話の中心　D＝はずれる人
4. A＝会話の中心　B＝はずれる人

聞きながらメモ ✎

▶ 先生と学生2人の場合、誰がどこに座る？
▶ 奥に座った人は？　リーダーから遠い位置の人は？
▶ A、B、Dで、「奥」は？　リーダーから遠い位置は？

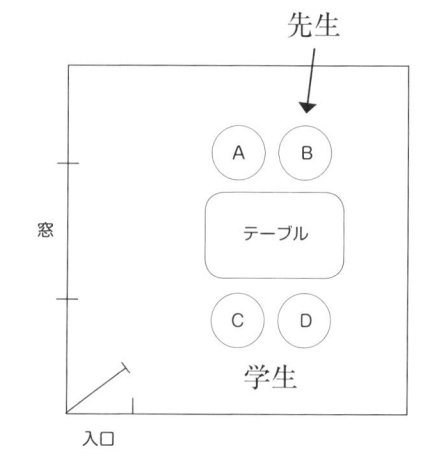

言葉・表現

□位置関係　はずれる
■(4) 人がけ　席　目上　奥　同年齢　友人　(友人)同士
　自然と　可能性

正解：　3

発 表

10番

学生が、ゼミで青少年の生活意識に関する調査の結果について話しています。図の [C] に入るものは、どれですか。

(単位：％)

	15～17歳	18～21歳	22～24歳
[A]	27.3	23.3	18.3
[B]	24.8	26.3	30.7
[C]	21.4	21.1	19.2
経済的に豊かになりたい	17.6	18.4	20.1
[D]	5.4	5.4	6.9
地位や高い評価を得たい	2.5	4.6	3.4

(内閣府『青少年の生活意識に関する基本調査』2000年9月より)

1．自分の趣味を大切にしていきたい
2．身近な人との愛情を大事にしていきたい
3．社会やほかの人のためにつくしたい
4．その日その日を楽しく生きたい

発　表

10番　青少年の生活意識に関する調査

答えることは ❓

▶ 図の［C］に入るもの

聞く前に ✓

▶ 選択肢1〜4の内容をよく読んでおこう。
▶ A〜Dの年齢別のパーセンテージ、その増減に注目。
▶ 15〜17歳、18〜21歳、22〜24歳は、どんな世代なのか考えておこう。

聞きながらメモ 📝

▶ 「自分の趣味を大切にしていきたい」と最も多く答えたのは、どの世代？
▶ 高校生の世代の中で最も多かったのはどれ？
▶ 大学を卒業した世代で最も多かったのはどれ？
▶ 「社会や人のためにつくしたい」という答えは全体の世代の中でどのくらい？
▶ 選択肢1〜4の中で高校生・大学を卒業した世代で最も多かったこと、「社会や人のためにつくしたい」という答えのパーセンテージから考えて、［C］に入るのは？

言葉・表現	□青少年　生活　意識　（意識）に関する　調査　結果　趣味 身近(な)　愛情　大事　社会　ほかの人　つくす ■今回　高校生　世代　確かに　差　（ではない）ものの　卒業 その通り　全体的　若い　（若い）せいか　1割　未満

正解：　1

11番

女子学生が、体温についてゼミで発表しています。
女子学生の質問の答えにあたるのは、どれですか。

体温のセットポイント

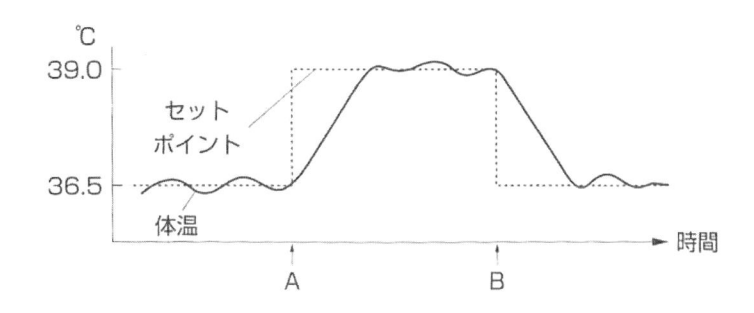

（田中越郎『好きになる生理学』講談社より）

1．変化は起こらない。
2．体が暑さを感じ、汗が出る。
3．体が寒さを感じ、ふるえる。
4．暑さを感じたり、寒さを感じたりする。

発表

| 11番 | 体温のセットポイント |

答えることは ❓

▶ 女子学生が最後にする質問の答え

聞く前に ✓

▶ グラフの縦軸は何？
▶ グラフの横軸は何？
▶ グラフの点線は何？
▶ グラフの実線は何？
▶ 選択肢1〜4をチェック！

聞きながらメモ ✎

▶ セットポイントが上がると、体は周りの気温をどう感じる？
▶ 下がるとどう感じる？

言葉・表現
□ 体温　セットポイント　℃　時間　変化　(変化)が起こる
　暑さ　汗　寒さ　ふるえる
■ 体温調節　点線　脳　設定　実線　実際　ずれ
　(時間のずれ)の間に　周り　気温　逆　時点

正解：3

12番

男子学生と女子学生が、ゲーム理論によるA社とB社の利得について話しています。 a ～ d に入る数字が正しいものは、どれですか。

A社＼B社	ファッション	旅行
ファッション	A社の利得：35 B社の利得： a	A社の利得：70 B社の利得： b
旅行	A社の利得：30 B社の利得： c	A社の利得：15 B社の利得： d

（単位：万人）

1. a．50　b．70　c．35　d．30
2. a．35　b．70　c．30　d．15
3. a．35　b．30　c．70　d．15
4. a．30　b．35　c．30　d．35

発表

12番　ゲーム理論

答えることは ?

▷ a ～ d に入る数字が正しいもの

聞く前に ✓

▷ 表を見て、縦の列がA社、横の列がB社を表していることを確認。
▷ 選択肢1～4をチェック！

聞きながらメモ ✎

▷ 全読者数と「ファッション」「旅行」に興味を持っている人の人数をメモ！ a ～ d に数字を入れていこう。
▷ A社もB社も「ファッション」の場合は？
▷ A社が「ファッション」、B社が「旅行」の場合は？
▷ A社が「旅行」、B社が「ファッション」の場合は？
▷ どちらも「旅行」の場合は？

A社＼B社	ファッション	旅行
ファッション	A社の利得：35 B社の利得：a 35	A社の利得：70 B社の利得：b 30
旅行	A社の利得：30 B社の利得：c 70	A社の利得：15 B社の利得：d 15

言葉・表現

□ (ゲーム) 理論　利得
■ 出版社　読者　特集　記事　半々　獲得　引く　逆

正解： 3

13番

女子学生が、「防衛機制」について発表しています。
男子学生が挙げたのは、何番の例ですか。

```
                                    田中ゼミ
                                    木村　良子

              防衛機制について

  1  投射
     自分の欲求や感情を他人も持っていると思い込む

  2  反動形成
     自分の欲求や感情と反対の行動をする

  3  同一視
     他人の能力や業績を自分のものだと想像する

  4  代償
     自分の弱点の代わりにほかの方面で能力を伸ばす
```

発表

13番　防衛機制

答えることは❓
▶ 男子学生が挙げた例にあたるもの

聞く前に ✓
▶ 1〜4を速く読もう。
「思い込む」「反対の行動をする」「想像する」「伸ばす」に注目。

聞きながらメモ ✏️
▶ レジュメに書いてある言葉が、どんな言葉で説明されているか、メモしよう。
例）「自分の欲求や感情」
　　→「＿＿＿＿＿＿＿＿＿＿＿＿＿＿＿＿＿＿＿＿＿＿＿＿＿＿＿＿＿＿」
　　「他人の能力や業績を自分のものだと想像する」
　　→「＿＿＿＿＿＿＿＿＿＿＿＿＿＿＿＿＿＿＿＿＿＿＿＿＿＿＿＿＿＿」
▶ 「好きなアイドルになりきって歌う」はレジュメの中のどの説明と同じ？

言葉・表現
□欲求　感情　思い込む　業績　弱点
■満たされる（満たす）　物事　憧れる　姿　まねる　活躍
　補う　アイドル　なりきる

正解： 3

発 表

14番

男子学生が、ゼミで東洋医学における病気の見方について発表しています。
患者は、どのような状態の人ですか。

東洋医学における病気の見方			
A	B	C	D
病気への抵抗力	病気の時期	患者の感じる熱	病気の位置
虚・実	陰・陽	寒・熱	表・裏

1．いつも元気な人で、風邪のひき始めである。
2．いつも元気な人で、1週間くらい風邪をひいている。
3．体が弱い人で、1週間くらい風邪をひいている。
4．疲れやすい人で、風邪のひき始めである。

発表

14番　東洋医学

答えることは❓
- 男子学生が挙げた患者の状態

聞く前に ✓
- 表をよく見ておこう。
- 選択肢1～4をよく読んでおこう。
- 選択肢の同じところに印をつけよう。

1. いつも元気な人で、風邪のひき始めである。
2. いつも元気な人で、1週間くらい風邪をひいている。
3. 体が弱い人で、1週間くらい風邪をひいている。
4. 疲れやすい人で、風邪のひき始めである。

聞きながらメモ ✏
- 「虚」は何？「実」は何？
- 「陰」は何？「陽」は何？

言葉・表現

□東洋医学　患者　抵抗力　位置
■体質　それぞれ　異なる　勢い　体調　分類　状態　基準
重要視　診断

正解： 1

発　表

15番

女子学生が、PM理論によるリーダーシップの類型について発表しています。
男子学生がこのあと話すのは、どの類型ですか。

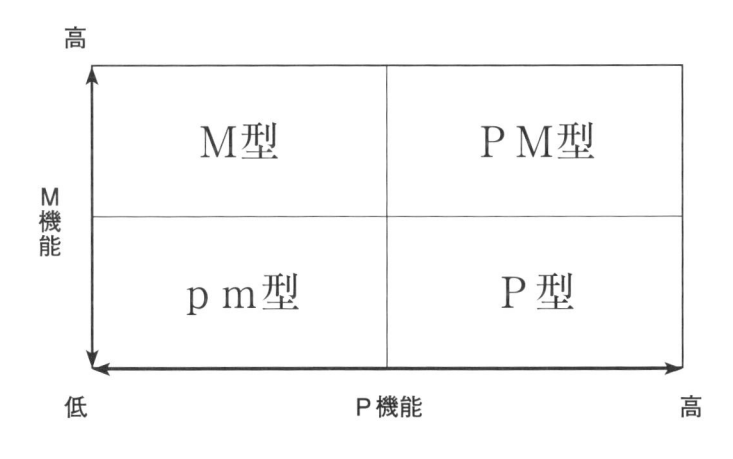

```
高
│
│  ┌──────────┬──────────┐
│  │          │          │
M│  │  M型     │  PM型    │
機│  │          │          │
能│  ├──────────┼──────────┤
│  │          │          │
│  │  pm型    │  P型     │
│  │          │          │
│  └──────────┴──────────┘
低─────────── P機能 ───────────高
```

P＝パフォーマンス　　M＝メンテナンス

1．pm型
2．P型
3．M型
4．PM型

発表

15番 PM理論

答えることは ❓

▶ 男子学生が最後に話す内容の類型

聞く前に ✓

▶ 質問文と図からどんな分野の出題かを知る。
▶ 図をよく見よう。（縦軸、横軸、記号の意味など）
▶ 選択肢1～4をよく見よう。（記号と図の中にある記号の位置の確認する）

聞きながらメモ ✏️

▶ どんなことを説明している図？
▶ P機能はどんな機能？　機能が高いとどうなる？
▶ M機能はどんな機能？　機能が高いとどうなる？
▶ 男子学生が最後に話す内容はP機能の高低、M機能高低のどれ？

| 言葉・表現 | □リーダーシップ　類型（るいけい）　パフォーマンス　機能（きのう）　メンテナンス
■行動（こうどう）　2次元（じげん）　説明（せつめい）　集団（しゅうだん）　目標（もくひょう）　達成（たっせい）　具体的（ぐたいてき）　計画（けいかく）
（それ）に沿（そ）って　実際（じっさい）　活動（かつどう）　進（すす）む　メンバー　指示（しじ）　命令（めいれい）
与（あた）える　一方（いっぽう）　維持（いじ）　組織（そしき）　過程（かてい）　起（お）こる　人間関係（にんげんかんけい）
解消（かいしょう）　モチベーション　全体（ぜんたい）　生産性（せいさんせい）　社員（しゃいん）　満足度（まんぞくど） |

正解： 3

発　表

16番

男子学生が、世界各国の家計に占める金融資産についてゼミで発表しています。
男子学生が配った資料の中で、最後に学生が話題にしている国は、どの国ですか。

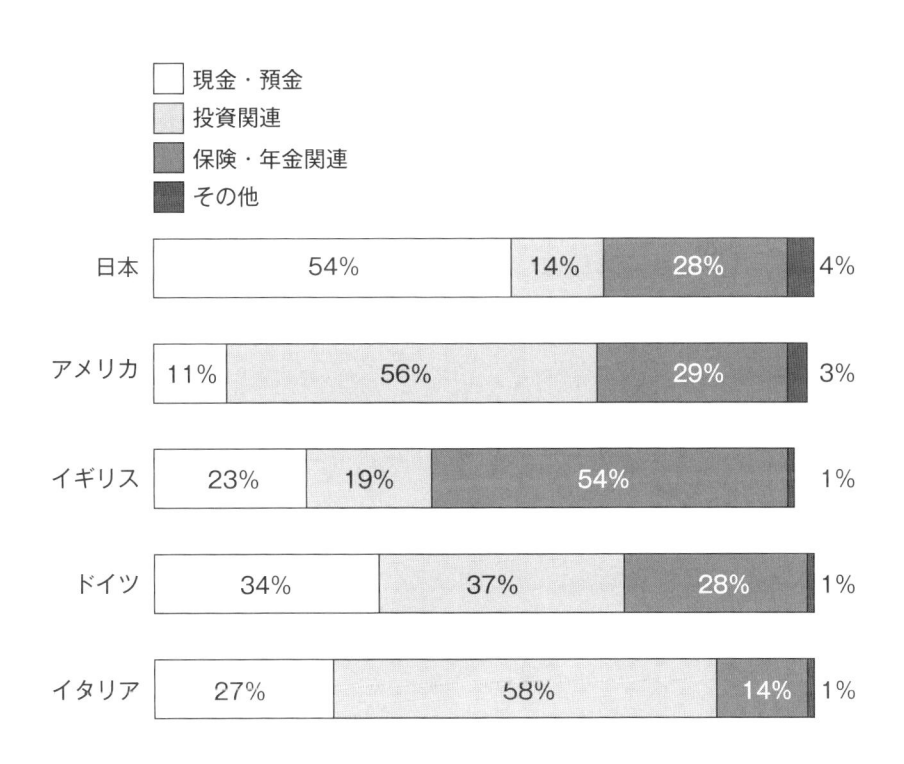

```
□ 現金・預金
□ 投資関連
■ 保険・年金関連
■ その他
```

国	現金・預金	投資関連	保険・年金関連	その他
日本	54%	14%	28%	4%
アメリカ	11%	56%	29%	3%
イギリス	23%	19%	54%	1%
ドイツ	34%	37%	28%	1%
イタリア	27%	58%	14%	1%

（日本銀行調査統計局『資金循環統計の国際比較』2003年12月より）

1．アメリカ
2．イギリス
3．ドイツ
4．イタリア

発表

16番　金融資産

答えることは？
- 男子学生が参考になると言っている国

聞く前に ✓
- このグラフは色別に何を表している？
- 日本とどの国を比較している？

聞きながらメモ 📝
- 日本の金融資産の持ち方は？
- それをどうしたらいいと言っている？
- 預金や現金の割合が10%前後の国は？
- 投資関連が半分（50%）以上を占める国は？
- 年金の割合が日本の現状と同じぐらいの国は？

言葉・表現

- □ 家計　（家計）に占める　金融　資産　現金　預金　投資　保険　年金
- ■ 運用　半分　割合　（資金）を（投資関連）に回す　（10%）前後　（現金の割合）を（10%前後に）落とす　（半分以上）の割合を占める　適切な　現状　参考

正解： 3

17番

女子学生が、ゼミで年齢と能力の関係について発表しています。
男子学生が最後に話している人材は、どのような人ですか。

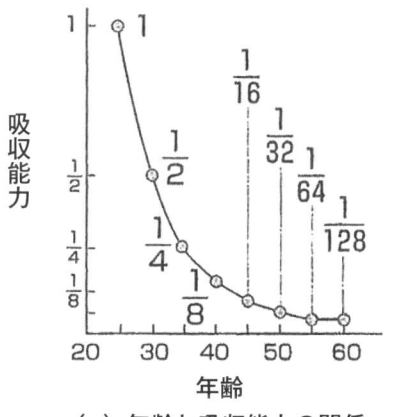

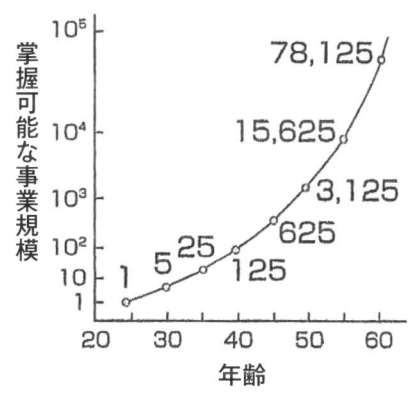

(a) 年齢と吸収能力の関係
(b) 年齢と掌握可能な事業規模の関係

(畑村洋太郎『図解雑学　失敗学』ナツメ社より)

1．大学を卒業したばかりの新入社員
2．入社3年目の20代前半の人
3．入社10年目の30代後半の人
4．入社35年目の50代後半の人

発表

17番 年齢と能力との相関関係

答えることは ❓
- 男子学生が最後に話している人の年代

聞く前に ✓
- それぞれのグラフが表していることと、特徴をチェック！
- 選択肢1～4をチェック！

聞きながらメモ ✏️
- 年を取るほど吸収能力はどうなる？ マネジメント能力は？
- グラフから人間の能力の何がわかる？
- 38歳までと38歳以降では、何が変わる？
- 新しい事業部を立ち上げるリーダーとして最もいいのは？

言葉・表現
- □能力
- ■吸収　組織　マネジメント　伸びる　～倍　交差　限度
- 以降　知識　活かす　企業　事業部　立ち上げる　リーダー

正解：3

18番

男子学生が、オーダーメイド医療について発表しています。
男子学生が今後の課題だと考えているのは、どの部分ですか。

オーダーメイド医療

1　多数の人（正常・病気）の
　　ゲノム解析
　　（ゲノム多型、個人差も）

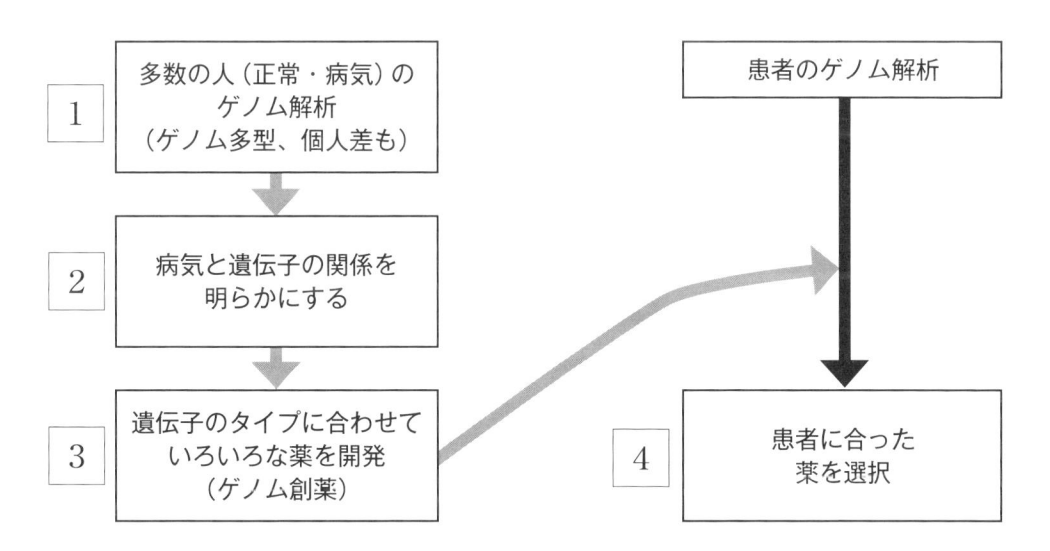

2　病気と遺伝子の関係を
　　明らかにする

3　遺伝子のタイプに合わせて
　　いろいろな薬を開発
　　（ゲノム創薬）

患者のゲノム解析

4　患者に合った
　　薬を選択

（吉田邦久『好きになる人間生物学』講談社より）

発表

18番 オーダーメイド医療

答えることは ❓

▶ オーダーメイド医療で今後の課題になる部分

聞く前に ✓

▶ 図にある説明を速く読もう。1～4のポイントをチェックしよう。
  例）1　多数の人（正常・病気）のゲノム解析

聞きながらメモ ✏

▶ 男子学生の説明の言葉が図のどの言葉について説明しているか、メモしよう。
▶ 女子学生の質問の内容が図のどの部分にあてはまるか、チェック！「個人情報」は図のどの部分？

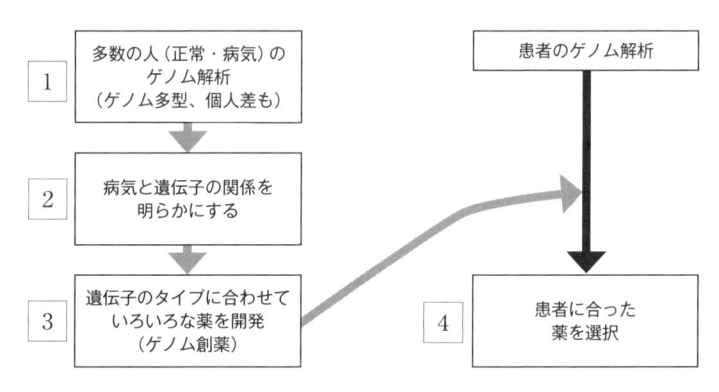

オーダーメイド医療

1　多数の人（正常・病気）のゲノム解析（ゲノム多型、個人差も）
2　病気と遺伝子の関係を明らかにする
3　遺伝子のタイプに合わせていろいろな薬を開発（ゲノム創薬）

患者のゲノム解析
4　患者に合った薬を選択

言葉・表現

□オーダーメイド　課題（かだい）　多数（たすう）　解析（かいせき）　個人差（こじんさ）　遺伝子（いでんし）
明（あき）らかにする　開発（かいはつ）　患者（かんじゃ）　選択（せんたく）
■順序（じゅんじょ）　情報（じょうほう）　データ化（か）　効果（こうか）　上（あ）がる　副作用（ふくさよう）　個人情報（こじんじょうほう）

正解： 1

19番

学生が、発表しています。
問題の答えは、どれですか。

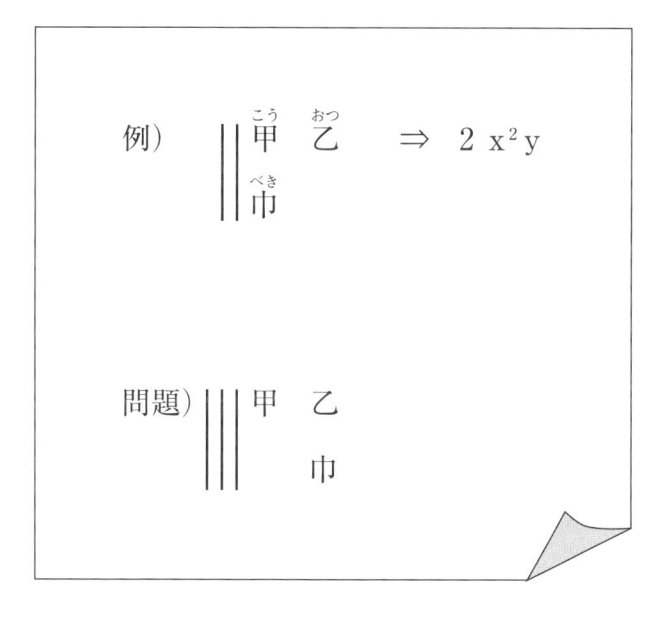

例) ||甲 乙   ⇒ $2x^2y$
    |冪

問題) |||甲 乙
      ||| 冪

1. $2xy^2$
2. $2x^3y$
3. $3xy^2$
4. $3x^2y^2$

発 表

| 19番 | 昔の日本の数学 |

答えることは ❓

▸ 問題）の答え

聞く前に ✓

▸ 例）を見て、縦線、甲、乙、巾が何を表すか、予想してみよう。

聞きながらメモ ✏️

聞きながら、例）の縦線、甲、乙、巾と、
それに対応する数字や文字を線で結んでいこう。
▸ 縦線は？　甲は？　乙は？　巾は？
▸ 問題）の縦線は？　甲は？　乙は？　巾は？

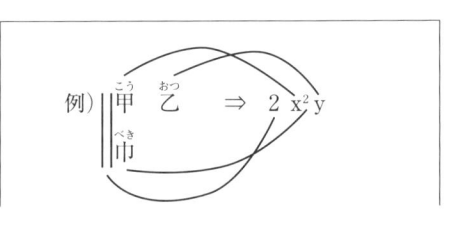

例）｜｜甲　乙　⇒　$2x^2y$
　　　巾

言葉・表現
■式　置き換える　縦線　本数　（本数）分　数字
（2を）かける　つまり　（2）乗

正解： 3

―――――

＊関　孝和（？〜1708）
　「算聖」と呼ばれる。日本独自の数学「和算」で、行列式やベルヌイ数の計算など、世界レベルの業績をあげた、江戸時代の数学者。

20番

男子学生が、ある島の鳥の生息種数について説明しています。
男子学生が最後に話すのは、どのような島ですか。

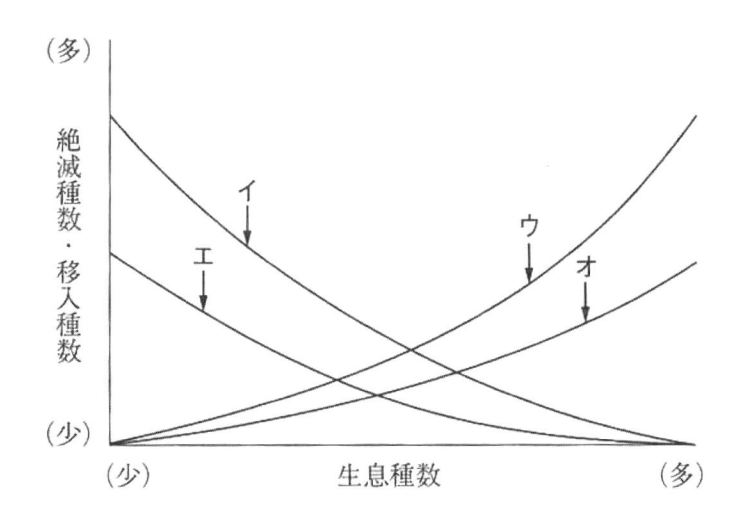

(図：横軸「生息種数」(少)〜(多)、縦軸「絶滅種数・移入種数」(少)〜(多)、曲線イ、ウ、エ、オ)

(松尾友香『センター試験生物Ⅰ［考察問題・遺伝］の点数が面白いほどとれる本』中経出版より)

1．大陸から近くて、大きい島
2．大陸から近くて、小さい島
3．大陸から遠くて、大きい島
4．大陸から遠くて、小さい島

発表

20番　鳥の生息種数

答えることは　❓
▶ 男子学生が最後に言うことを予測

聞く前に　✓
▶ グラフの縦軸は何の数？
▶ グラフの横軸は何の数？
▶ 「絶滅種数」「移入種数」「生息種数」はどんな意味？

聞きながらメモ　✎
▶ 移入種数が多いのは、大陸から近い島？　遠い島？
▶ イは大陸から近い？　遠い？　エは？
▶ 絶滅種数が少ないのは、大きい島？　小さい島？
▶ ウは大きい島？　小さい島？　オは？
▶ 四つの中で一番生息種数が多いのは、どのラインとどのラインが交差するところ？

言葉・表現
□生息　種　数　絶滅　移入
■縦軸　大陸　（移入種数）を表す　横軸　存在　エサ　豊富（な）
　隠れる　（時間が経つ）ほど（少なくなる）　交差する

正解：　1

講　義

CD2 12　1番

先生が、図を描きながら天気予報の用語を説明しています。
先生は、このあと何と言いますか。

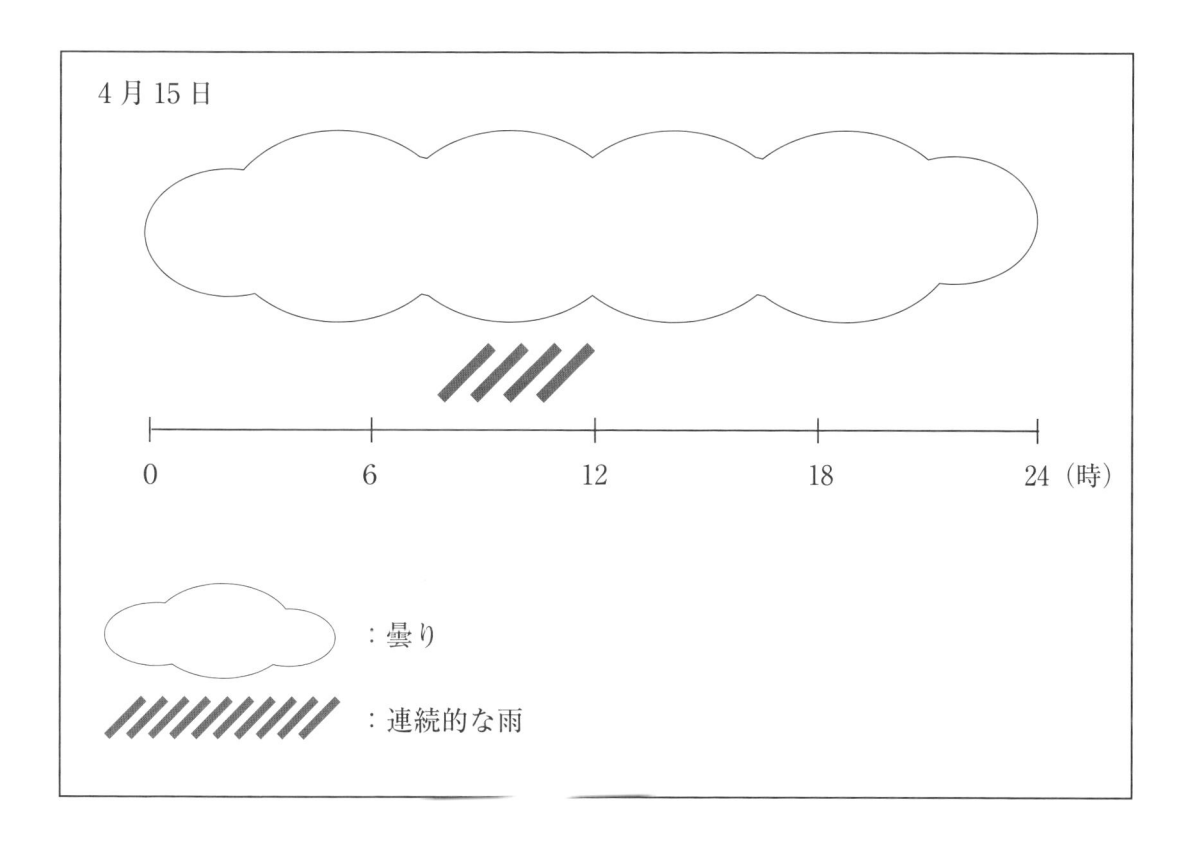

4月15日

0　　6　　12　　18　　24（時）

　：曇り

　：連続的な雨

1．「曇り時々雨」ということになります。
2．「曇り一時雨」ということになります。
3．「雨のち曇り」ということになります。
4．「曇りまたは雨」ということになります。

講義

1番　天気予報の用語

答えることは ❓

▷ 4月15日の予報

聞く前に ✓

▷ 図を見て、どんな天気かイメージしよう。4月15日はどんな天気？
▷ 図の中にある説明の言葉をチェック！
▷ 選択肢1〜4を確認しよう。

聞きながらメモ 📝

▷ 用語の説明をメモしよう。

	何を表す？	何が違う？
一時雨 (いちじあめ)		ある現象が_____、予報期間の_____
時々雨 (ときどきあめ)		ある現象が_____、予報期間の_____
のち		

▷ 図の雨の時間は1日の中のどのくらい？

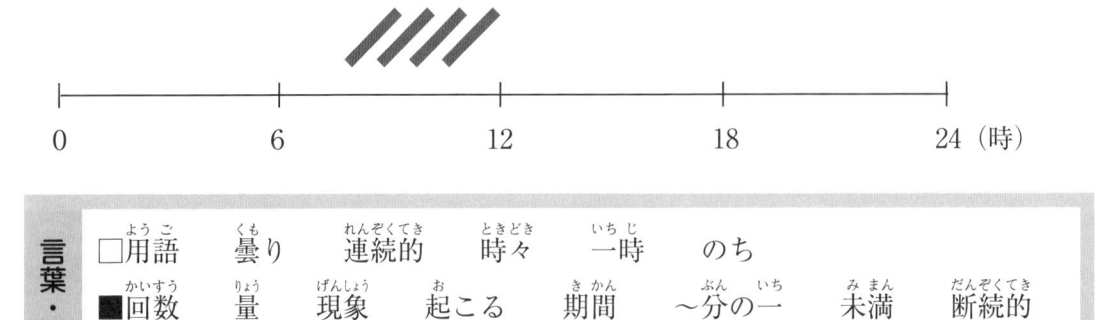

```
         ////
|————————|————————|————————|————————|
0        6        12       18       24（時）
```

言葉・表現	□用語　曇り　連続的　時々　一時　のち ■回数　量　現象　起こる　期間　〜分の一　未満　断続的 　対象

正解： 2

132

2番

大学の先生が、「地域づくり活動の発展」について講義をしています。
先生の話によると、この勉強会の活動に自治体が資金面で協力したのは、A～Dのどの部分ですか。

シニアSOHO普及サロンの発展

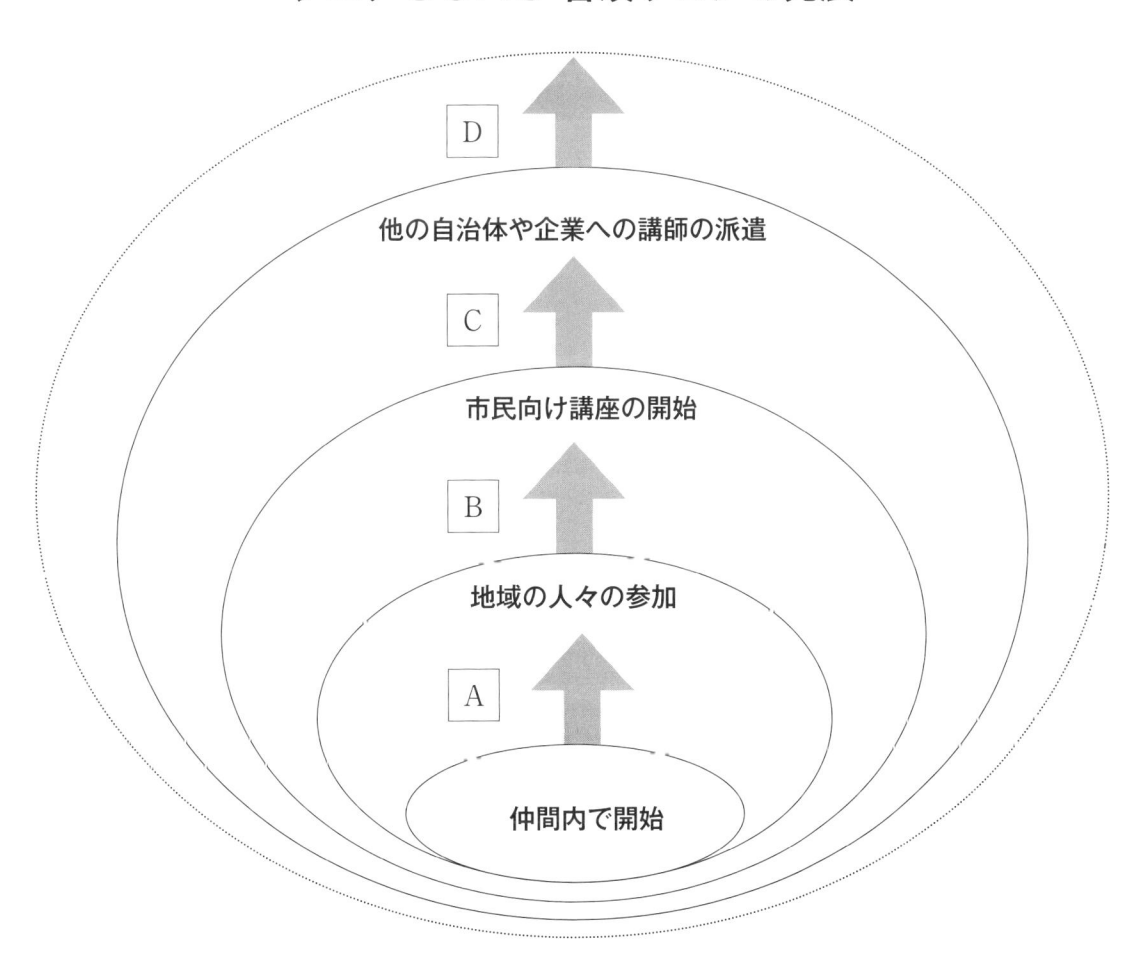

- D
- 他の自治体や企業への講師の派遣
- C
- 市民向け講座の開始
- B
- 地域の人々の参加
- A
- 仲間内で開始

1. A
2. B
3. C
4. D

講義

2番　地域づくり

答えることは　?

▶ 自治体が資金面で協力した部分

聞く前に　✓

▶ 「自治体」とは何？
▶ 「資金面で協力」というのは、具体的にどういうこと？
▶ 図の円がだんだん大きくなっていくのは何を意味している？
▶ 図の中の言葉をよく読んでおこう。

聞きながらメモ　✎

▶ 「引退した人たちがパソコンを教え合う勉強会」は図のどこ？
▶ 「地域の人々も参加し始め」は図のどこ？
▶ 次に「市がお金を出すようになりました」は図のどこ？

言葉・表現
□地域　（地域）づくり　活動　発展　勉強会　自治体　資金面　協力　普及　企業　講師　派遣　市民　（市民）向け　講座　開始　参加　仲間　（仲間）内　■団体　引退　次第に　注目を浴びる　貢献　NPO法人　（法人）化　さらに　依頼　あちこち　（仲間）同士

正解：　2

3番

先生はよい作品を書くためには、何が一番大切だと言っていますか。

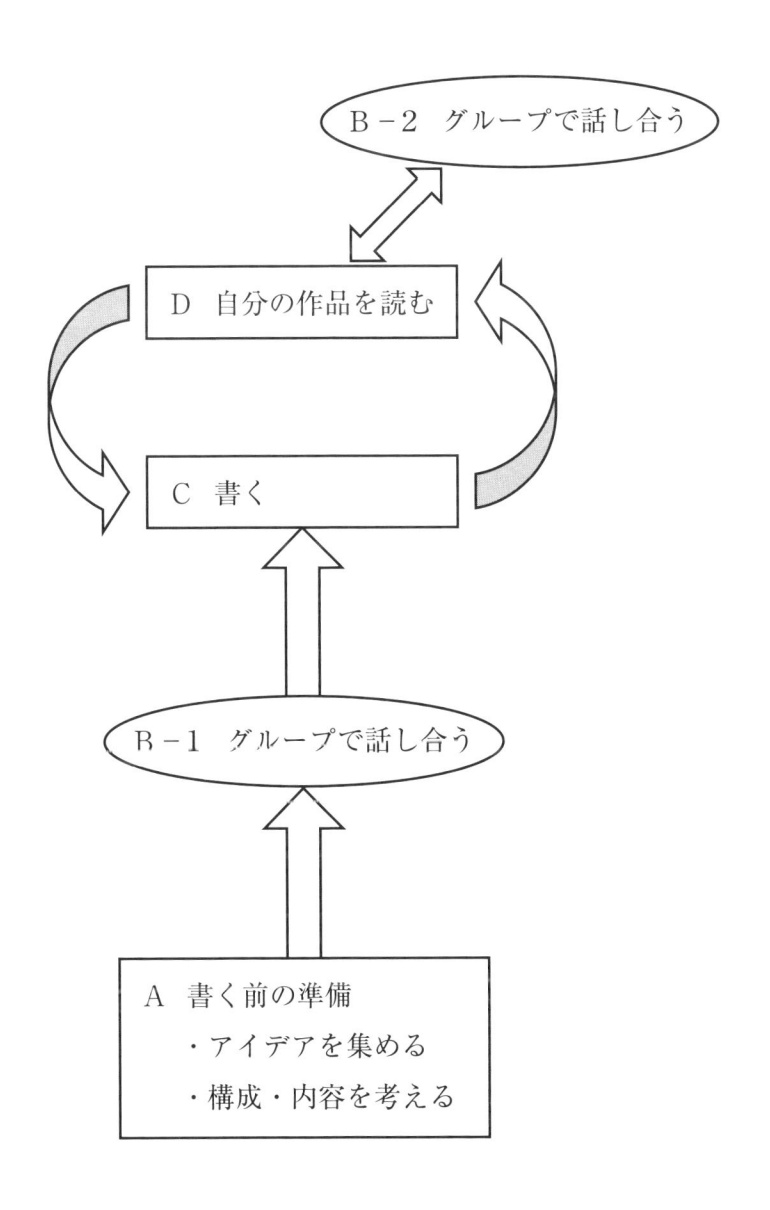

```
         ┌─────────────────────┐
         │ B-2 グループで話し合う │
         └─────────────────────┘
                   ↕
         ┌─────────────────────┐
         │ D  自分の作品を読む   │
         └─────────────────────┘
              ↻         ↺
         ┌─────────────────────┐
         │ C  書く              │
         └─────────────────────┘
                   ↑
         ┌─────────────────────┐
         │ B-1 グループで話し合う │
         └─────────────────────┘
                   ↑
         ┌─────────────────────┐
         │ A  書く前の準備       │
         │  ・アイデアを集める   │
         │  ・構成・内容を考える │
         └─────────────────────┘
```

1．A
2．B
3．C
4．D

講義

3番　文を書く力

答えることは　？
▸ よい作品を書くために一番大切なこと

聞く前に　✓
▸ 図の流れをチェック！

聞きながらメモ　✎
▸ どこでどんなことをするのか、図の中にチェック。
▸ 「グループで話し合う」ときは何をもとに話し合う？
▸ 先生がやってほしいことは何？

言葉・表現	□作品　構成（こうせい）　内容（ないよう） ■プロセス　鍵（かぎ）りがある　他者（たしゃ）　多様（たよう）　（アイデアが）わく

正解：　4

講義

4番

栄養士が、学生食堂主催のセミナーで話しています。
学生たちに最も気をつけてほしいのは、どれですか。

食生活で注意したいと思うこと（男子大学生）

（単位：%）

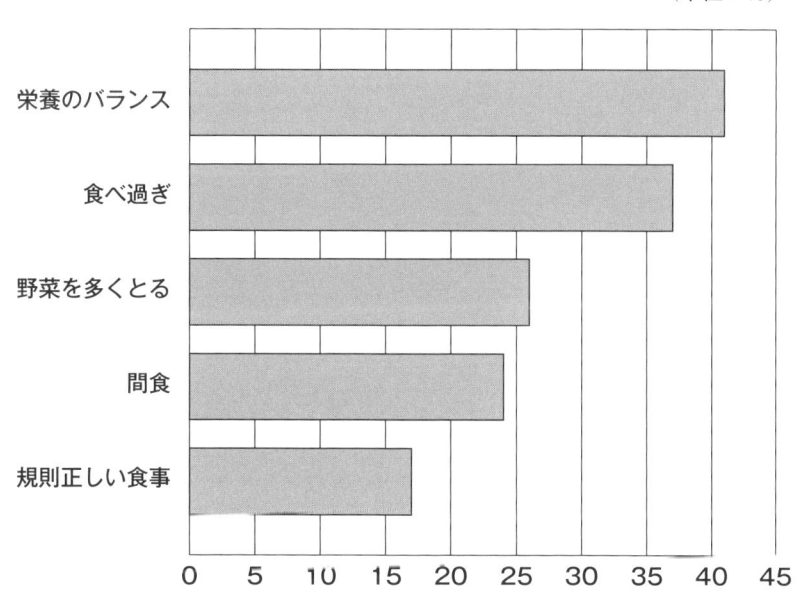

- 栄養のバランス： 約41
- 食べ過ぎ： 約37
- 野菜を多くとる： 約26
- 間食： 約24
- 規則正しい食事： 約17

1. 何を食べるか
2. いつ食べるか
3. どれだけ食べるか
4. どこで食べるか

講義

4番　食生活の改善

答えることは❓
- 栄養士が食生活で最も気をつけてほしいと言っていること

聞く前に ✓
- 男子大学生は食生活でどんなことに気をつけたいと思っている？
- グラフの左側の項目と、選択肢のどれが関係あるかをチェック！

聞きながらメモ ✎
- 栄養士が特に注意してほしいのは、グラフのどの部分？

言葉・表現
- □栄養士　主催　食生活　栄養　バランス　(食べ)過ぎ　間食　規則正しい
- ■(健康)ブーム　(食生活)に気を配る　グラフ　データ　改善する　項目　ぜひ(守っ)ていただきたい

正解：　2

5番

大学の先生が、東京の都心環状線という高速道路に関する図を見せながら話しています。先生が問題点として説明しているのは、図のどの部分ですか。

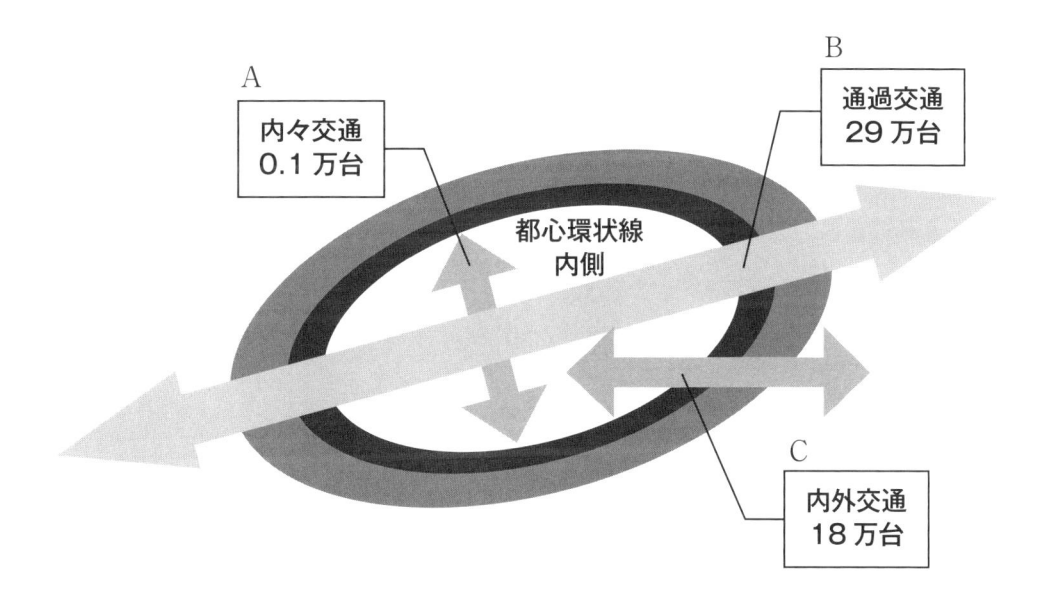

A 内々交通 0.1万台

B 通過交通 29万台

都心環状線内側

C 内外交通 18万台

(国土交通省「都市圏の交通渋滞対策−都市再生のための道路整備−」平成15年3月より)

1．A
2．B
3．C
4．A、B、Cすべて

講義

5番 都心環状線

答えることは ?
- 先生が問題点として説明している部分

聞く前に ✓
- 図をよく見て、それぞれの矢印(やじるし)が何を表しているかをチェック!
- 「内々交通」「内外交通」「通過交通」の読み方は?
- 選択肢1〜4をチェック!

聞きながらメモ
- 内々交通とは?
- 内外交通とは?
- 通過交通とは?
- 渋滞の原因は?

言葉・表現
□都心(としん)　環状線(かんじょうせん)　内々交通(うちうちこうつう)　内外交通(うちそとこうつう)　通過交通(つうかこうつう)
■内訳(うちわけ)　移動(いどう)　用事(ようじ)　渋滞(じゅうたい)　本来(ほんらい)　外側(そとがわ)　バイパス　環状道路(かんじょうどうろ)

正解: 2

6番

先生が、コミュニケーションにおける問題について話しています。
先生がよくする失敗は、A～Dのどこに原因がありますか。

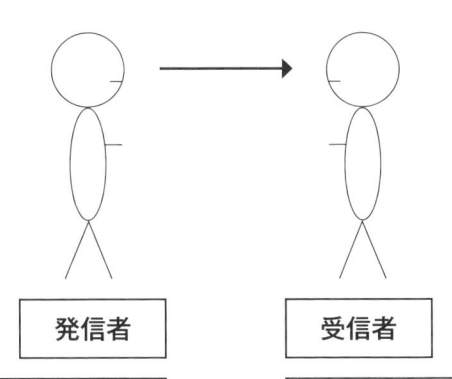

発信者	受信者
A：メッセージに対する受信者の能力を推測する。	C：発信者の意図が理解できる。
B：受信者に論理的でわかりやすい説明ができる。	D：意図が理解できないときに発信者に適切な質問ができる。

1. A
2. B
3. C
4. D

講義

6番　ミスコミュニケーション

答えることは　❓
▶ 先生の失敗の原因に関係のある部分

聞く前に　✓
▶ 図の日本語をよく読んでおこう。読むとき、ほかの日本語に置き換えたら、どんな言葉になるか考えてみよう。　例）推測する、意図
▶ 「発信者」「受信者」はコミュニケーションではどんなことをする人？

聞きながらメモ　✏
▶ 先生が挙げている例を図の中に書いていこう。

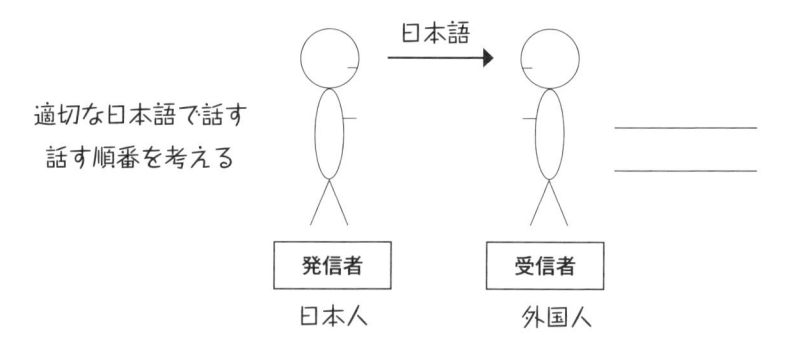

```
                              日本語
                              ──→
    適切な日本語で話す      ○          ○
    話す順番を考える       /|\         /|\
                           / \         / \
                        ┌──────┐   ┌──────┐
                        │発信者│   │受信者│
                        └──────┘   └──────┘
                          日本人       外国人
```

▶ 先生が自分の例として話しているのは、「発信者」「受信者」のどちら？

言葉・表現	□原因　メッセージ　受信　発信　能力　推測する　論理的 　意図　適切な ■やり取り　（起こり）がち　その上で　確かめもせず　つい

正解：　4

7番

大学の先生が、災害について講義で話しています。
先生が最後に話す例にあたるのは、どれですか。

自然災害	A	気象災害	天候による災害
	B	海象災害	海で起こる災害
	C	地象災害	陸地で起こる災害

1．AとB
2．AとC
3．BとC
4．A、B、Cすべて

講義

7番　自然災害

答えることは　?
▶ 教授が最後に話す例に関係があるもの

聞く前に　✓
▶ 表の漢字の読み方を確認。
▶ A、B、Cの右側の説明をよく読んでおこう。

聞きながらメモ　✎
▶ 「大雨、台風、強風、日照不足」は表のどこ？
▶ 「津波、高波、塩害」は表のどこ？
▶ 「地殻変動、火山噴火、地震」は表のどこ？
▶ 「台風による大雨」と「山の斜面にある住宅地で土砂崩れ」は表のどこ？

言葉・表現							
□災害(さいがい)	気象(きしょう)	天候(てんこう)	陸地(りくち)				
■一言(ひとこと)	分類(ぶんるい)	大雨(おおあめ)	台風(たいふう)	強風(きょうふう)	(日照)不足(にっしょう ぶそく)	挙げる(あ)	
津波(つなみ)	(地殻)変動(ちかく へんどう)	火山噴火(かざんふんか)	地震(じしん)	独立(どくりつ)	引き起こす(ひ お)		
斜面(しゃめん)	住宅地(じゅうたくち)	土砂崩れ(どしゃくず)					

正解：　2

◇◇◇◇◇◇◇◇◇◇◇◇◇◇◇◇◇◇◇◇◇◇◇◇◇◇◇◇◇◇◇◇◇◇◇◇◇◇◇

＊津波と高波
　津波：海中、または海の近くで地震が起こったときに発生する大きい波。
　高波：台風や強風で起こる大きい波。

◇◇◇◇◇◇◇◇◇◇◇◇◇◇◇◇◇◇◇◇◇◇◇◇◇◇◇◇◇◇◇◇◇◇◇◇◇◇◇

8番

先生が、国連について説明しています。
学生が取ったノートの①と②に入るものとして正しいのは、どれですか。

```
国連

1945 年設立

目標　世界平和の実現

加盟国　2010 年現在　192 カ国

活動　☆ 平和維持活動

　　　☆ 難民の救済

　　　☆ 発展途上国への経済援助

　　　☆（　　　①　　　）

　　　☆ 環境保護

　　　☆（　　　②　　　）
```

1. ①　人口抑制　　②　教育改革
2. ①　人口抑制　　②　教育の普及
3. ①　人権擁護　　②　教育改革
4. ①　人権擁護　　②　教育の普及

講義

8番　国連の活動説明

答えることは❓
▶ 学生のノートの①と②に入る言葉

聞く前に✓
▶ このノートには、国連の何について書いてある？
▶ ①と②に入る言葉は、どこを見たら予測できる？（選択肢をチェック！）

聞きながらメモ✎
▶ 国連の活動例は？
▶ 活動例でノートに書かれていることは？

言葉・表現

□ 国連（こくれん）　設立（せつりつ）　加盟（かめい）　平和維持活動（へいわいじかつどう）　難民（なんみん）　発展途上国（はってんとじょうこく）　援助（えんじょ）
　環境（かんきょう）　保護（ほご）　人口（じんこう）　抑制（よくせい）　教育（きょういく）　改革（かいかく）　普及（ふきゅう）　人権（じんけん）　擁護（ようご）

■ （世界平和の実現せかいへいわのじつげん）を（目標もくひょう）として　（問題もんだい）に取と り組く む
　（難民なんみん）の面倒めんどう をみる　（経済けいざい）的　（人権じんけん）を守まも る　すべての（人ひと）

正解： 4

146

9番

大学の先生が、話しています。
先生の質問に対する答えは、どれですか。

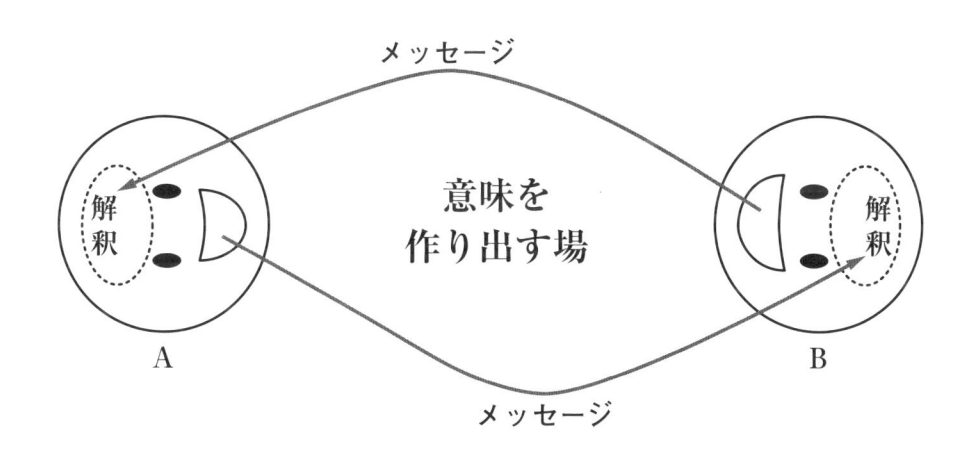

```
          メッセージ
    ┌─────────────┐
   解釈   意味を    解釈
   A   作り出す場   B
    └─────────────┘
          メッセージ
```

1.「そうだね」
2.「じゃ、何か飲もうか」
3.「早く飛行機に乗ろう」
4.「あっ、忘れ物をした」

講義

9番　コミュニケーションの相互作用

答えることは❓
▶ 先生の質問に対する答え

聞く前に☑
▶ 図を見て、A、Bそれぞれの頭の中で行われていることと、AとBの間で行われていることが何かを理解しておく。
▶ 選択肢1〜4をチェック！

聞きながらメモ✎
▶ コミュニケーションについて、どんな考えがもとになっている？
▶ 質問に答える、というやりとりはコミュニケーションの相互作用？
▶ コミュニケーションの相互作用では、AがBにメッセージを送った場合、Bはどのように解釈する？
▶ Aはどんな考えで「まだ時間があるね」と言った？
▶ Bは言葉の意味、状況から考えて、どう解釈する？

言葉・表現
□ メッセージ　解釈(かいしゃく)　意味(いみ)　場(ば)
■ 相互作用(そうごさよう)　共同(きょうどう)　過程(かてい)　重(かさ)なる　一方通行(いっぽうつうこう)

正解：　2

10番

先生が、図書館の司書の新しい役割について話しています。
その役割は、図の①〜④のどの部分にあたりますか。

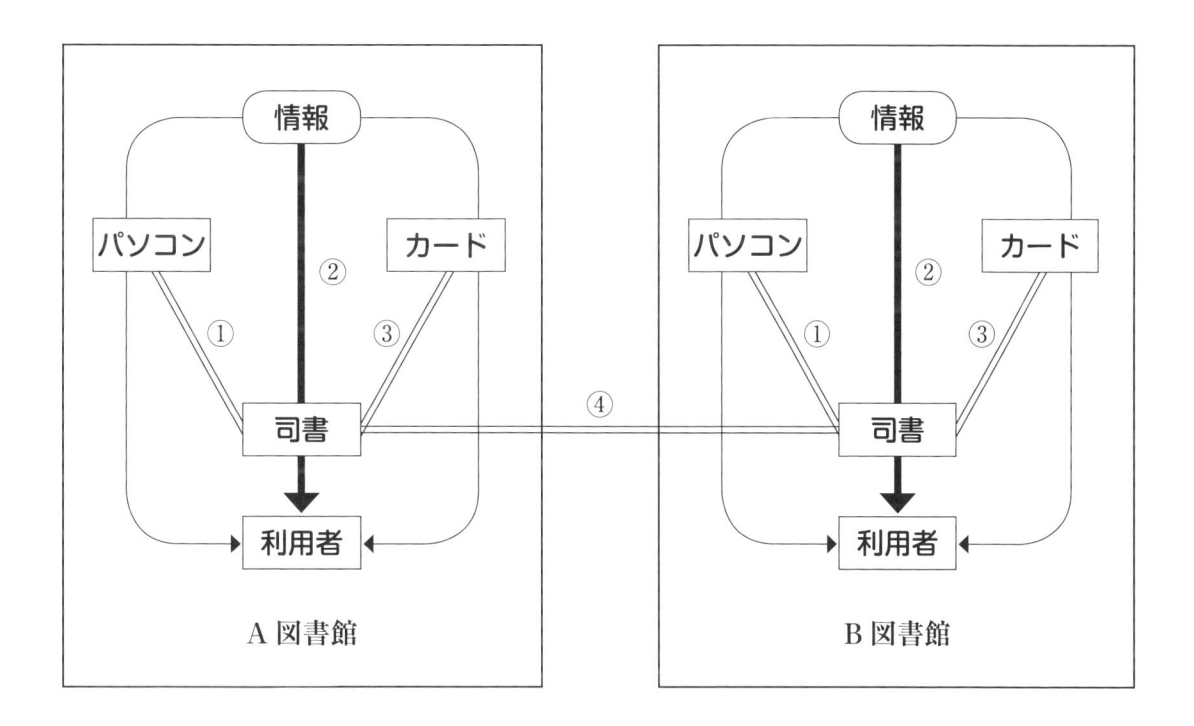

A図書館

B図書館

1. ②
2. ④
3. ①と②
4. ①と③

講義

10番　これからの司書の役割

答えることは　❓
- 司書の新しい役割

聞く前に　✓
- 図の全体をよく見よう。①～④が何を表しているかもチェック！
- 選択肢1～4をチェック！

聞きながらメモ　✏️
- 従来司書がやっていたのは、図のどの部分？
- 今後何が大きな課題となる？
- 利用者への大きなサービスになるのは？

言葉・表現
□司書　役割　情報　利用者
■ご存じ　専門家　相談に乗る　従来　把握　不可能　課題
　交換

正解： 2

11番

学生が、留学生就職ガイダンスに遅れて参加しました。
今、レジュメのどの部分の話をしていますか。

留学生就職ガイダンス　レジュメ

A. はじめに
　①日本政府の外国人受け入れ政策
　②先輩留学生の就職状況
　③日本企業が必要とする人材

B. 日本での就職活動の方法
　④求人の種類
　⑤自己分析
　⑥情報収集

1．①
2．②
3．③
4．④

講義

11番　就職ガイダンス

答えることは　?
▶ 今話しているのはレジュメのどの部分か

聞く前に　✓
▶ レジュメがどんな内容か、よく読んでおこう。
▶ ①〜⑥のキーワード(「政策」「就職状況」「人材」「求人の種類」「自己分析」「情報収集」)を確認しよう。

聞きながらメモ　✎
▶ 「日本の企業社会には……」からレジュメのAの部分か、Bの部分かを考えよう。
▶ 「せっかく採用しても」「採用にかけた手間ひまが」「企業も当然歓迎」から、①〜③のどの部分と関係があるか考えよう。

言葉・表現
□就職　ガイダンス　レジュメ　政府　受け入れ　政策　状況
企業　人材　求人　自己分析　情報収集
■いわゆる　(時間)外　付き合い　いわば　労働慣習　採用
敬遠　(敬遠し)がち　手間ひま　無駄　数カ国語
(使い)こなす　資格　在学中

正解： 3

講 義

12番

大学の先生が、言語の発達について図を描きながら講義しています。
このあと先生は、自分のロシア語の能力をどのように説明しますか。

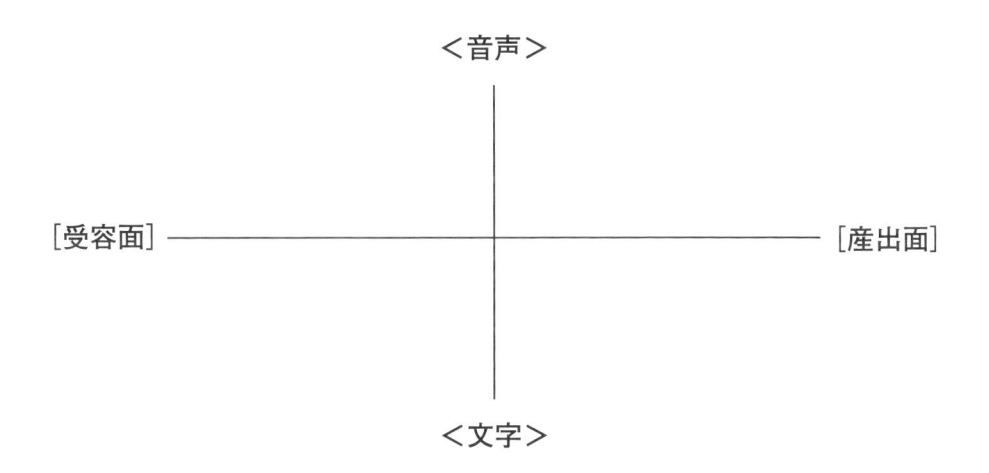

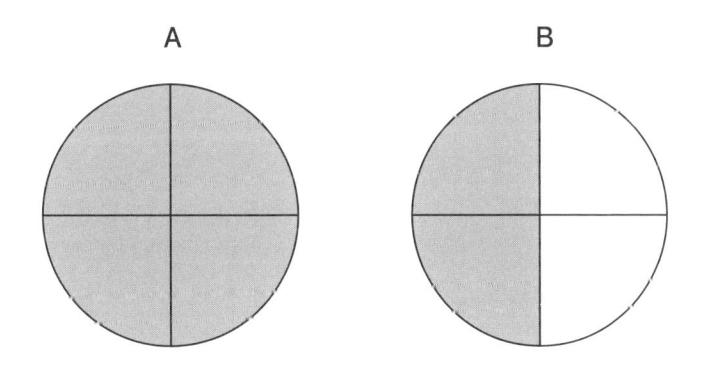

<音声>

［受容面］　　　　　　　　　　　　　　　　　　　　　　［産出面］

<文字>

A　　　　　　　　B

1．聴解力と話す力はありますが、読解力と書く力は不足しています。
2．聴解力と読解力はありますが、話す力と書く力は不足しています。
3．話す力と読解力はありますが、聴解力と書く力は不足しています。
4．読解力と書く力はありますが、聴解力と話す力は不足しています。

講義

12番　言語の発達

答えることは❓
▶ 先生のロシア語の能力の説明

聞く前に ✓

> 1．聴解力と話す力はありますが、読解力と書く力は不足しています。
> 2．聴解力と読解力はありますが、話す力と書く力は不足しています。
> 3．話す力と読解力はありますが、聴解力と書く力は不足しています。
> 4．読解力と書く力はありますが、聴解力と話す力は不足しています。

▶ 選択肢の文の同じ部分をチェック！
▶ 「受容」「産出」はどういう意味？
▶ 選択肢の「聴解力」「話す力」「読解力」「書く力」はそれぞれ、「音声」「文字」「受容面」「産出面」とどんな関係がある？

聞きながらメモ ✏️

聞きながら、欄に「聞く」「話す」「読む」「書く」を書き入れていこう。

▶ 四つの技能がすべて発達している人はA？　B？
▶ 白の部分は何を表す？
▶ Bの黒い部分、白い部分は？

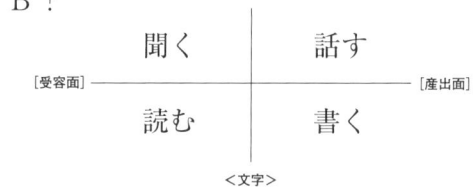

```
              <音声>
        聞く  |  話す
[受容面]──────┼──────[産出面]
        読む  |  書く
              <文字>
```

言葉・表現	□言語　発達　能力　音声　文字　受容　産出　（受容・産出）面 ■（見ていく）際には　技能　受信　発信　すべて　不十分

正解：2

*関連表現
　聞く力：聴解力　　話す力：会話力　　読む力：読解力　　書く力：記述力
　受容：インプット　　産出：アウトプット

13番

大学の先生が、12という数字の利点について資料を見せながら説明しています。先生の質問の答えにあたるものは、どれですか。

12という数字の利点

1. 2、3、4、6で割り切れる。
2. ピタゴラスの直角三角形の辺（3、4、5）の合計が12である。
3. 月の満ち欠け12回で、だいたい1年になる。
4. 10進法と組み合わせて60進法を作ることができる。

講義

13番　12という数字の利点

答えることは ?
▶ 先生の質問に対する答え

聞く前に ✓
▶ 選択肢1〜4をよく見ておこう。

聞きながらメモ ✎
▶ 人間が数を数えるとき、最も手近なのは？
＜12という数字の利点について＞
▶ 1番はどんなときに役に立つ？
▶ 2番では、どんなことができる？
▶ 3番、4番は何に使われている？
▶ 建物を建てるときには、どの番号の内容が役に立つ？

言葉・表現

□利点　割り切る　直角三角形　辺
■人間　数　数える　最も　手近（な）　指　単位　合わせる
発生　一方で　使い出す　割り算　人数　役に立つ　次
縄　目印　長さ　意味　（4番）はいわば　発展　形　現代
昔

正解：　2

14番

大学の先生が、図を見ながら話しています。
先生がこのあとに話す内容は、どれですか。

睡眠のモデル

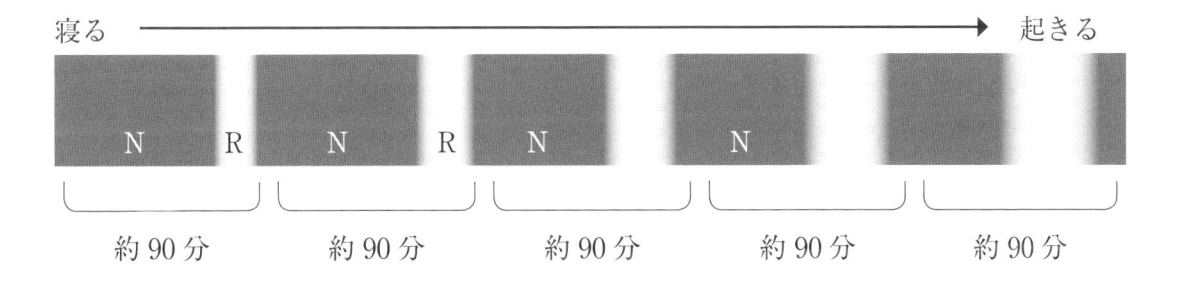

R は、レム (REM → Rapid Eye Movement)
N は、ノンレム (non-REM)

1. 脳が休んでいる状態がだんだん長くなる。
2. 脳が起きている状態がだんだん長くなる。
3. 脳が休んでいる時間は変わらない。
4. 脳が起きている時間は変わらない。

講　義

14番　睡眠のモデル

答えることは　?

▶ 教授が最後に話すことを予測

聞く前に　✓

▶ NとRは何を表している？
▶ 約90分というのは、何と何を合わせた時間？
▶ NとR、それぞれの長さはどう変化している？

聞きながらメモ　✎

▶ ノンレムはどんな状態？
▶ レムはどんな状態？
▶ 1セットが約90分、その内容はどう変化している？

言葉・表現

□睡眠　　レム　　ノンレム　　脳　　状態
■眠り　　(眠りに)つく　　セット　　繰り返す

正解：　2

15番

学生が、ナノテクノロジーについての説明を聞きながらノートを取っています。説明の中で聞き落としてしまったノートの空白部分は、どれですか。

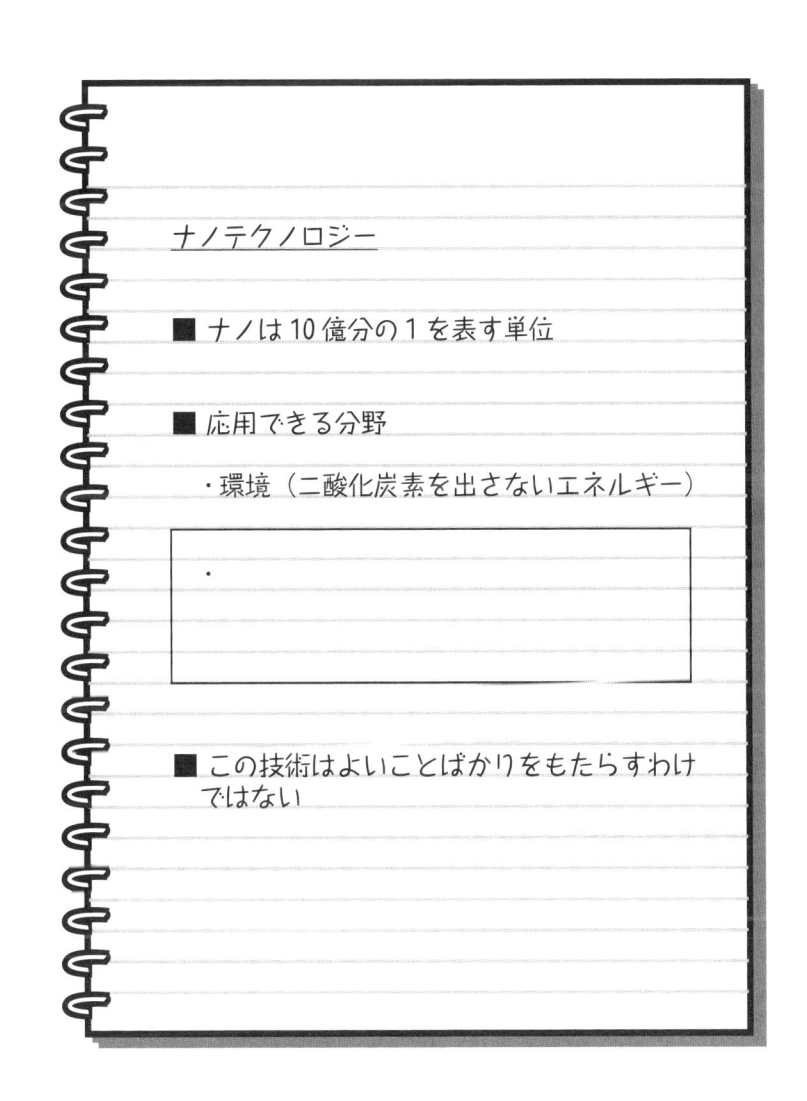

```
ナノテクノロジー

■ ナノは10億分の1を表す単位

■ 応用できる分野
  ・環境（二酸化炭素を出さないエネルギー）
  ┌─────────────────────────┐
  │ ・                       │
  │                          │
  └─────────────────────────┘

■ この技術はよいことばかりをもたらすわけ
  ではない
```

1. 情報技術（記憶操作装置）
2. 材料（鉄より10倍軽い素材）
3. 農業（作物の開発）
4. 医療（がん細胞発見）

講義

15番　ナノテクノロジー

答えることは　?
- 聞き落としたノートの空白部分

聞く前に　✓
- ノートを見て、どんなテーマなのか、空白部分はどこかをチェック！
- 選択肢1〜4をチェック！

聞きながらメモ　✎
- ナノテクノロジーとは？
- ナノテクノロジーによって、どんな分野で進歩が期待される？

言葉・表現	□億　単位　分野　環境　二酸化炭素　操作　素材　医療 細胞 ■分子　原子　見分ける　並ぶ　秘める　高性能　飛躍的 犯罪　悪用

正解：　4

16番

先生が、ピアノの音について説明しています。
先生は、このあと何と言いますか。

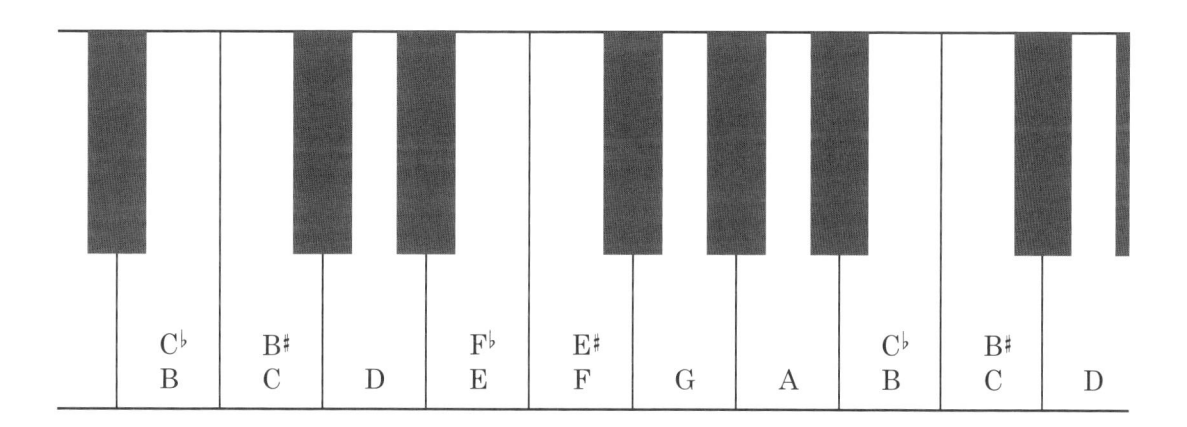

≪表1≫

	C ド	D レ	E ミ	F ファ	G ソ	A ラ	B シ	C' ド'
平均律	0	200	400	500	700	900	1100	1200
純正調	0	204	386	498	702	906	1088	1200

1.「ド」と「ファ」の音を高く出しているんです。
2.「レ」と「ラ」の音を低く出しているんです。
3.「ミ」と「シ」の音を高く出しているんです。
4.「ミ」と「シ」の音を低く出しているんです。

講義

16番　ピアノの音

答えることは　?
▶ 先生がこのあとに話すこと

聞く前に　✓
▶ 表1の「平均律」と「純正調」の数字で、差がある音をチェック！

	C ド	D レ	E ミ	F ファ	G ソ	A ラ	B シ	C' ド'
平均律	0	200	400	500	700	900	1100	1200
純正調	0	204	386	498	702	906	1088	1200

聞きながらメモ ✏
▶ 「平均律」というのは、何の数字？
▶ 「純正調」というのは、どんな数字？
▶ 「きれいに聞こえるように純正調を使っている」は、振動数の音をどうすることか？

言葉・表現

□平均律　純正調
■振動数　人為的　もともと　ずれる　コーラス　オーケストラ
　演奏する　具体的

正解： 4

17番

大学の先生が、記号を用いた交流分析について説明しています。
先生が最後にする質問の答えは、どれですか。

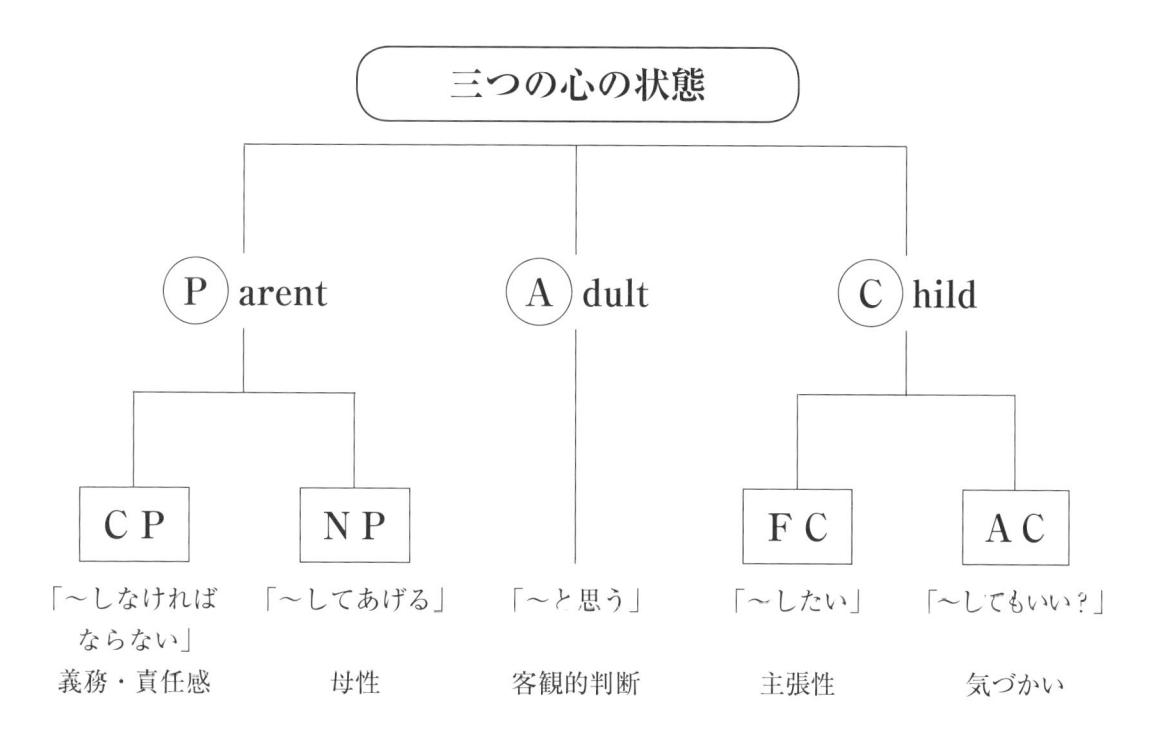

```
            三つの心の状態
    ┌──────────┼──────────┐
  Parent      Adult       Child
  ┌───┴───┐              ┌───┴───┐
  CP     NP                FC     AC
「～しなければ 「～してあげる」  「～と思う」  「～したい」  「～してもいい？」
 ならない」
 義務・責任感  母性        客観的判断   主張性     気づかい
```

1. AC × NP
2. FC × CP
3. CP × A
4. AC × CP

講義

17番　交流分析

答えることは ?

▶ 先生の質問に対する答え

聞く前に ✓

▶ 「Parent」「Adult」「Child」を日本語で言うと？
▶ CP、NP、FC、AC の下の「　　」の中をよく読んでおこう。

聞きながらメモ ✎

▶ CP、NP は何？　FC、AC は何？
▶ 「遊びに行ってもいい？」は、CP、NP、FC、AC のどれ？
▶ 「勉強しなきゃ」は、CP、NP、FC、AC のどれ？

言葉・表現	□状態　交流分析　義務　責任感　母性　客観的　判断 主張性　気づかい ■精神分析医　記号　批判的　養育的　順応　用いる

正解：　4

18番

大学の先生が、虫の生存率の実験結果について説明しています。
先生が最後にする質問の答えは、どれですか。

環境条件		生存率（％）	
温度（℃）	湿度（％）	A（コクヌストモドキ）	B（ヒラタコクヌストモドキ）
34	70	100	0
	30	10	90
29	70	86	14
	30	13	87
24	70	31	69
	30	0	100

（松尾友香『センター試験生物Ⅰ［考察問題・遺伝］の点数が面白いほどとれる本』中経出版より）

1．Aのほうが生存率が高い。
2．Bのほうが生存率が高い。
3．どちらも生存率は50％になる。
4．どちらも生存できない。

講義

18番　虫の生存率

答えることは❓
- 先生が最後にする質問の答え

聞く前に✓
- 環境条件に注意しよう。（温度、湿度の違いと生存率の違い）

聞きながらメモ✏
- どんな状態で二つの虫は観察される？
- Aの虫の特徴は？
- Bの虫の特徴は？
- 最後の質問の環境条件は表のどの数値に近い？

言葉・表現	□虫　生存率　実験結果　温度　湿度 ■2種類　容器　さまざま（な）　長期間　飼育　両種　表す 高さ

正解：　2

19番

大学の先生が、大都市の交通渋滞対策について話しています。
女子学生の提案は、どれにあたりますか。

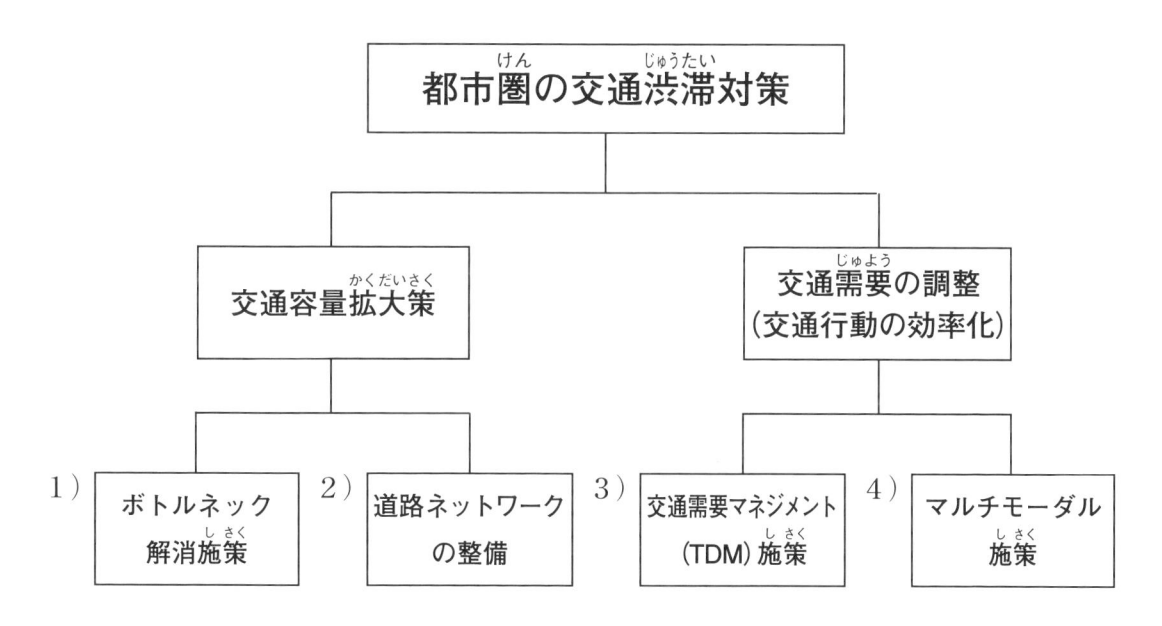

```
             都市圏の交通渋滞対策
            ┌──────────┴──────────┐
       交通容量拡大策           交通需要の調整
                              (交通行動の効率化)
        ┌─────┴─────┐        ┌─────┴─────┐
   1) ボトルネック  2) 道路ネットワーク  3) 交通需要マネジメント  4) マルチモーダル
      解消施策        の整備          (TDM)施策          施策
```

(国土交通省『都市圏の交通渋滞対策−都市再生のための道路整備』平成15年3月より)

1. 1)
2. 2)
3. 3)
4. 4)

講義

19番　交通渋滞

答えることは　？
- 交通渋滞の対策で女子学生が提案した対策

聞く前に　✓
- 交通容量拡大策には、何がある？
- 交通需要の調整には、何がある？

聞きながらメモ　✎
- 「道路の容量を大きくする」はどれ？
- 「車の数をコントロールする」はどれ？
- ボトルネック解消施策、道路ネットワークの整備、交通需要マネジメント施策、マルチモーダル施策、それぞれにどんな例がある？
- 女子学生の挙げた例「線路の地下を通る道路」は、上で挙げられたどの例に近い？

言葉・表現

□交通　渋滞　対策　容量　拡大　(拡大)策　需要　調整
行動　効率　(効率)化　施策　ボトルネック　解消
ネットワーク　マルチモーダル
■解決　改良　車線　(渋滞)を避ける　バイパス　連携　集中
緩和する　線路　地下

正解：　2

20番

大学の先生が、光ダクトシステムに関する図を見せながら話しています。
「減衰」を防いでいるのは、どの部分ですか。

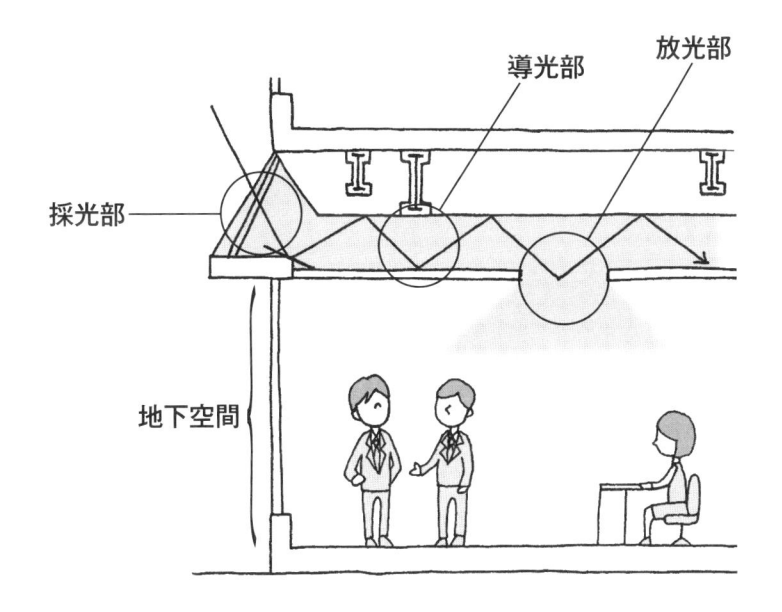

1．採光部
2．導光部
3．放光部
4．地下空間

講　義

20番　光ダクトシステム

答えることは ❓
▶ 「減衰(げんすい)」を防いでいる部分

聞く前に ✓
▶ 「採光部」「導光部」「放光部」「地下空間」の読み方は？
▶ 選択肢1〜4が図のどこにあるかを確認！

聞きながらメモ ✎
▶ 光ダクトシステムとは？
▶ 太陽の光はどこから取り入れられる？
▶ どこから部屋の中へ光が入る？
▶ 「減衰(げんすい)」とは？
▶ 「減衰(げんすい)」を防ぐためにどうしている？

言葉・表現	□光(ひかり)ダクトシステム　減衰(げんすい)　防(ふせ)ぐ　採光部(さいこうぶ)　導光部(どうこうぶ)　放光部(ほうこうぶ)　地下空間(ちかくうかん) ■採(と)り入れる　照明(しょうめい)　放(はな)つ　黄色(きいろ)っぽくなる　反射(はんしゃ)　率(りつ)

正解：　2

21番

先生が、災害時に避難を妨げる原因について話しています。
先生が挙げた例は、図のどの部分に原因があると考えられますか。

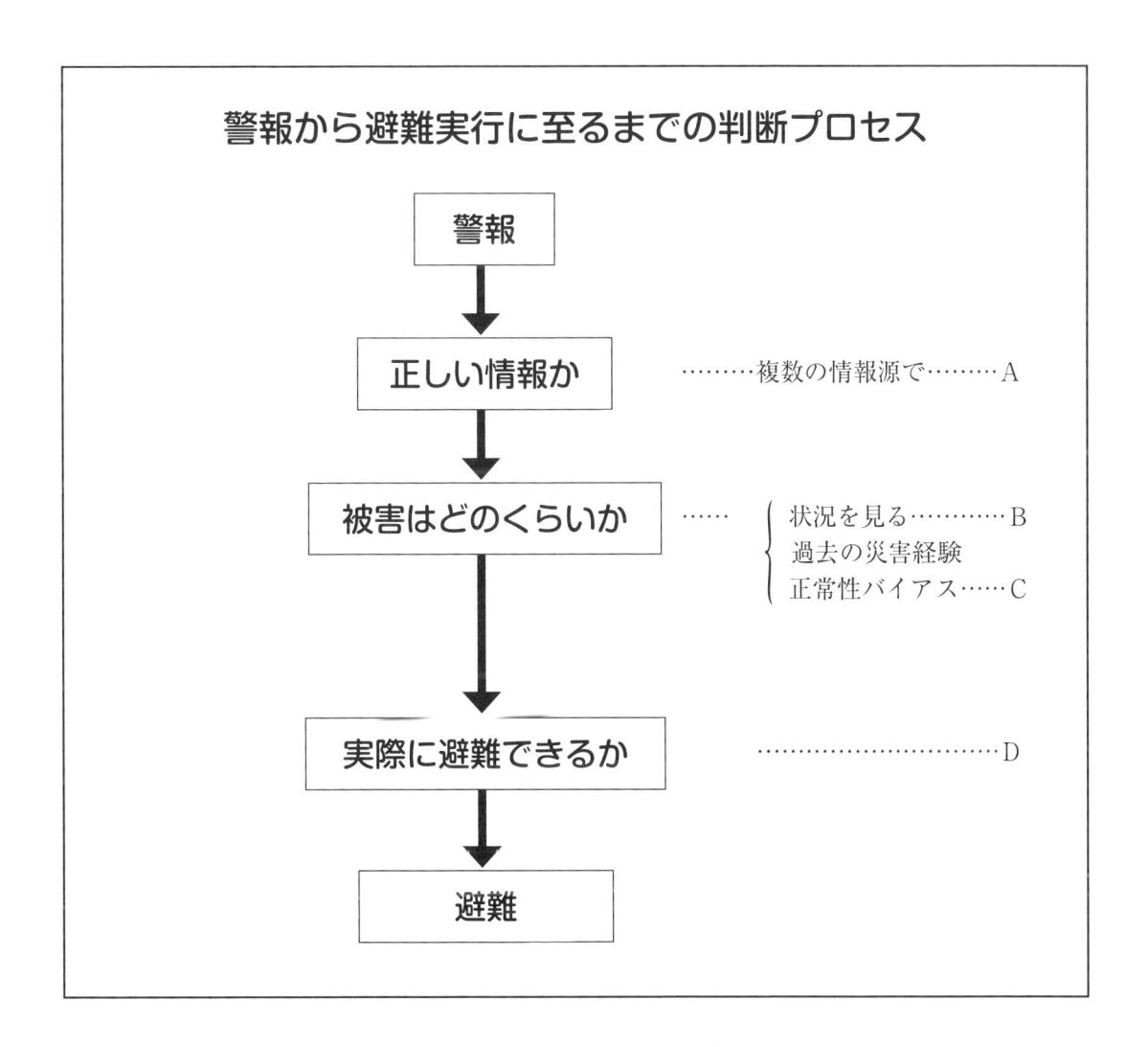

```
警報から避難実行に至るまでの判断プロセス

        警報
         ↓
    正しい情報か      ……複数の情報源で……A
         ↓
   被害はどのくらいか   ……｛状況を見る………B
                    過去の災害経験
                    正常性バイアス……C
         ↓
   実際に避難できるか   ……………………D
         ↓
        避難
```

1．A
2．B
3．C
4．D

講義

21番　避難実行を左右する要因

答えることは ?

▶ 先生が挙げた例の原因は図のどの部分か

聞く前に ✓

▶ 図の中にある言葉をよく読んでおこう。
▶ わからない言葉があったら、チェック！
　例）複数の情報源、正常性バイアス

聞きながらメモ

▶ 聞いた言葉を図の中に書き込んでいこう。
▶ 「被害の予想」はどうやってする？
▶ 「正常性バイアス」の意味は？
▶ 「避難場所がわからなくて避難しなかった」は図のどの言葉の例になるか？

言葉・表現	
□災害時　（災害）時　避難　妨げる　警報　至る　判断 プロセス　複数　情報源　被害 ■異常　思い込む　移動　体力　要因	

正解： 4

22番

大学の先生が、グラフを見せながら話しています。
先生が最後にする提案は、どれですか。

時間別交通渋滞発生状況の例

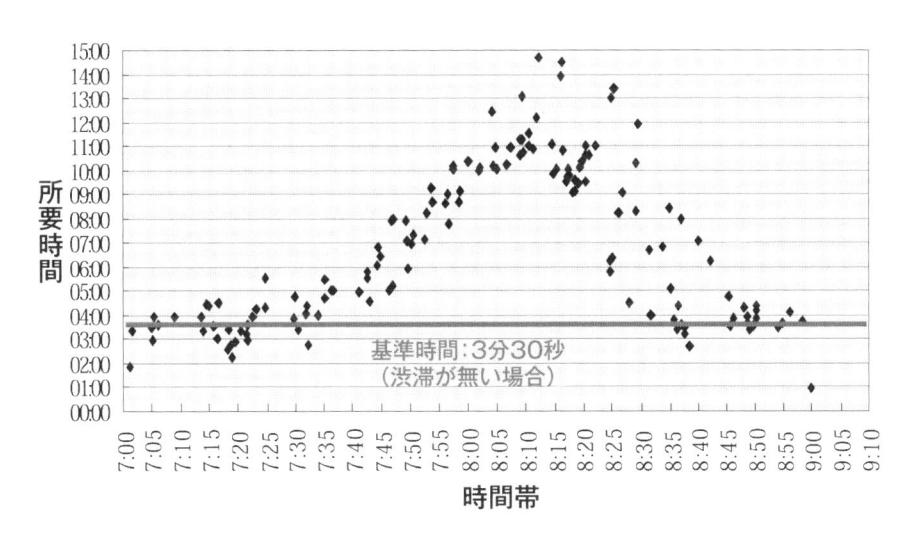

所要時間 / 時間帯

基準時間：3分30秒
（渋滞が無い場合）

（国土交通省『都市圏の交通渋滞対策－都市再生のための道路整備』平成15年3月より）

1．この場所の道路を広くすることです。
2．ほかの時間帯に車を分散させることです。
3．基準時間をもっと上げることです。
4．7時から8時まで、通行できなくすることです。

講義

22番　渋滞ポイント

答えることは　?
- 先生の提案

聞く前に　✓
- グラフの縦軸、横軸は何を表している？
- グラフの点は何を表している？
- 横線（基準時間）は何を表している？
- 選択肢の文を読んでおこう。

所要時間
基準時間：3分30秒
（渋滞が無い場合）
時間帯

聞きながらメモ　✎
- 何のグラフ？
- 何時から何時のことを話している？
- 道路を広くするには何が問題？
- ポイントは「車の利用者に呼びかけて」だから？

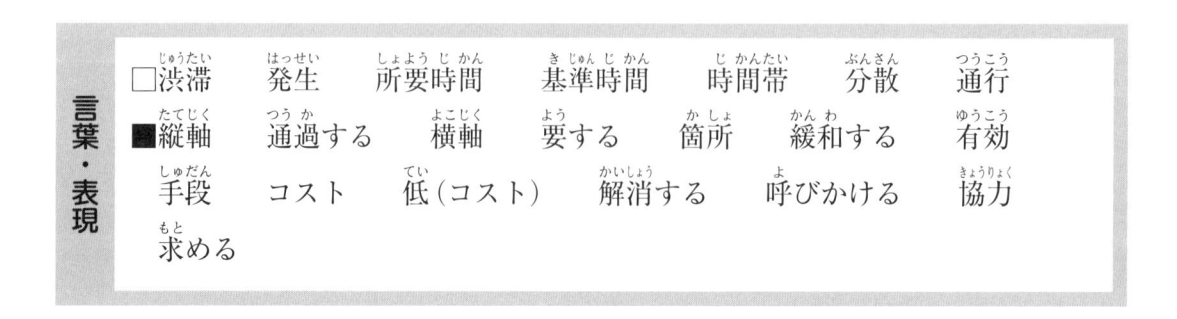

言葉・表現

□渋滞	発生	所要時間	基準時間	時間帯	分散	通行
■縦軸	通過する	横軸	要する	箇所	緩和する	有効
手段	コスト	低（コスト）	解消する	呼びかける	協力	
求める						

正解：　2

23番

大学の先生が、「快楽を楽しむ人々の発展」について講義をしています。
この先生が最後にする質問の答えは、どれですか。

1	ゼロ段階	これから何か楽しもうとする
2	依存段階	能力は不十分だが、自然・人・文化の恩恵を得る
3	自律段階	能力が不十分でも自分で努力する
4	貢献段階	十分な能力を他者の幸福に役立てる

講義

23番　快楽の段階

答えることは　?
- 大学の先生が最後にする質問の答え

聞く前に　✓
- 選択肢1〜4の各段階の文をよく見ておこう。

聞きながらメモ　✎
- ゼロ段階とは？
- 依存段階とは？
- 自律段階とは？
- 貢献段階とは？
- 引退したオリンピック選手が学校へ行って、子どもたちに競技のおもしろさを伝えるのはどの段階？

言葉・表現

□快楽　楽しむ　発展　ゼロ　段階　依存　能力　恩恵
自然　自律　努力　貢献
■さまざま（な）　活動　その際　周り　条件　環境　伴う
分かれる　文字通り　文化施設　人生　次　散策　早起き
体調　整える　最終　喜び　味わう　ボランティア　積極的
発揮　他人　タイプ　引退　オリンピック　選手　競技
伝える

正解： 4

24番

先生が、ゼミでレポート作成についてアドバイスしています。
先生が挙げた例では、①、②、③の条件のうち、何が不足していますか。

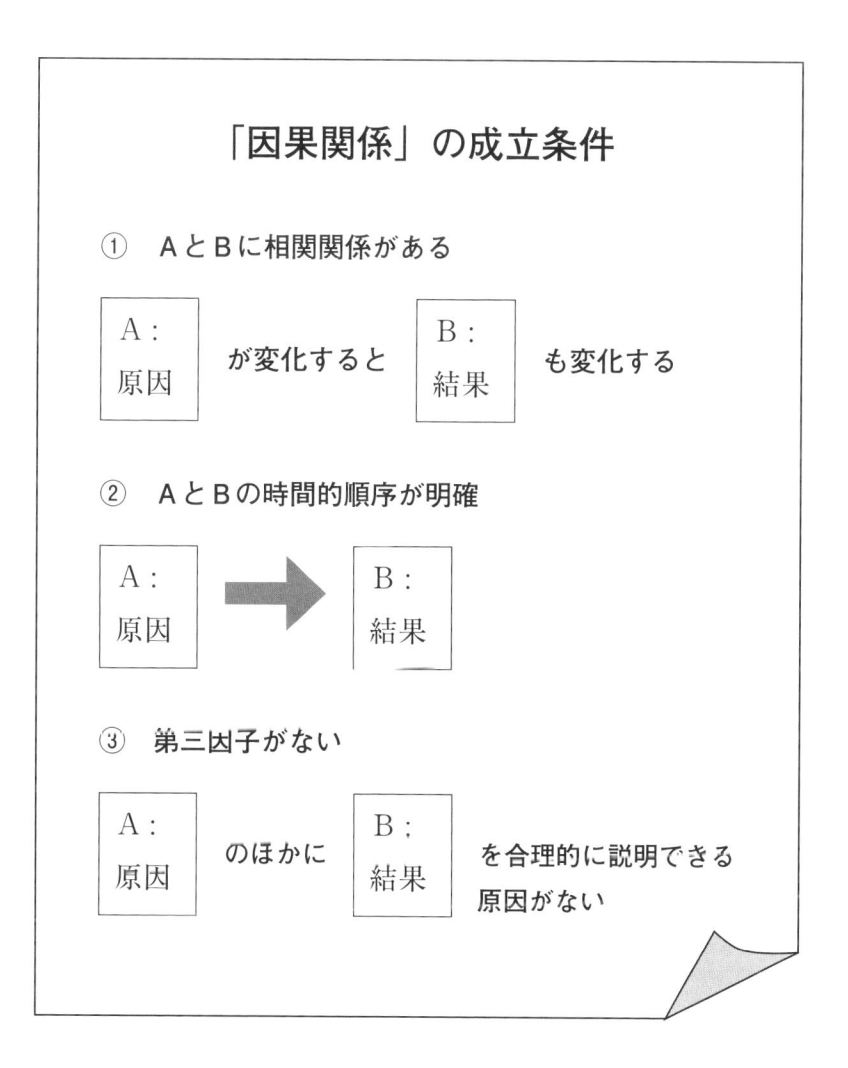

「因果関係」の成立条件

① AとBに相関関係がある

A：原因 が変化すると B：結果 も変化する

② AとBの時間的順序が明確

A：原因 → B：結果

③ 弟三因子がない

A：原因 のほかに B：結果 を合理的に説明できる原因がない

1．①と②
2．①と③
3．②と③
4．①と②と③

講義

24番　因果関係の成立条件

答えることは ?
- 教授が挙げた例で不足している条件

聞く前に ✓
- 「因果関係」の成立条件に注目しよう。（原因と結果の関係は？）
- ①〜③の文をよく読んでおこう。（①と②と③の違いは？）

聞きながらメモ ✎
- 何と何に因果関係があると書いた人がいる？
- レポートでは、何と何に触れられていないと先生は言っている？

言葉・表現

□レポート	因果関係（いんがかんけい）　成立条件（せいりつじょうけん）　原因（げんいん）　ほか
■プリント	参考（さんこう）　以前（いぜん）　少子化（しょうしか）　男女雇用機会均等法（だんじょこようきかいきんとうほう）　法律（ほうりつ）
	企業（きぎょう）　採用（さいよう）　勤務（きんむ）　男女差（だんじょさ）　成果（せいか）　求める（もとめる）　確かに（たしかに）　施行（しこう）
	改正（かいせい）　進む（すすむ）　出産（しゅっさん）　育児（いくじ）　経済的（けいざいてき）（な）　触れる（ふれる）　言い切る（いいきる）

正解：　2

178

25番

大学の先生が、図を見せながら説明しています。
先生がこれから説明する仮説は、どれですか。

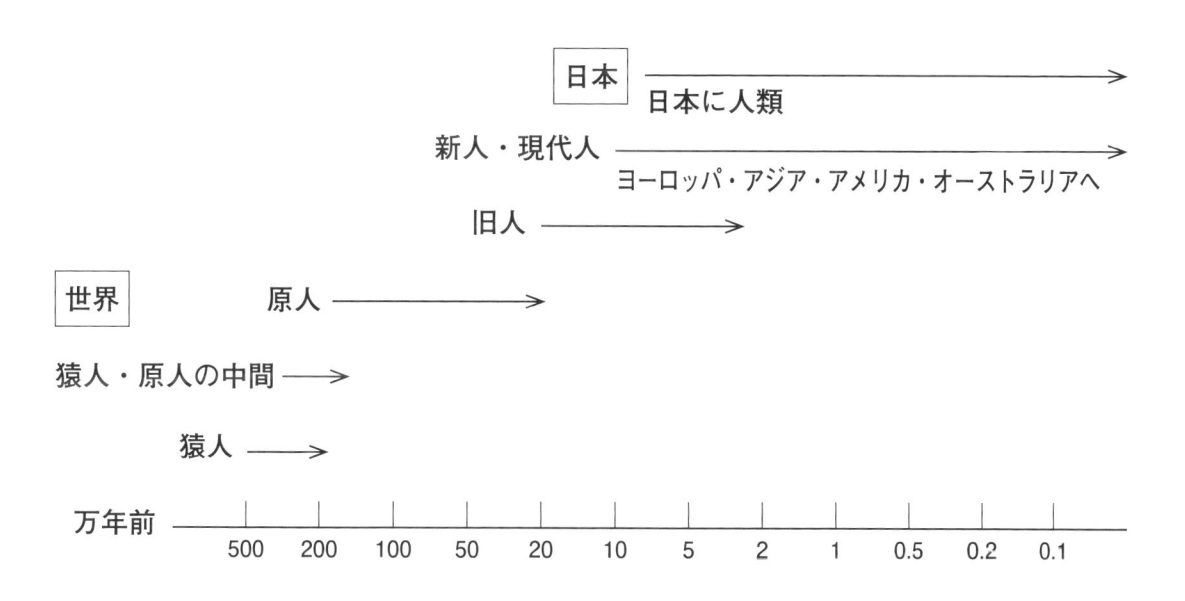

```
                          日本 ─────────────────→
                              日本に人類
              新人・現代人 ──────────────────→
                          ヨーロッパ・アジア・アメリカ・オーストラリアへ
                   旧人 ─────→
 世界        原人 ──────────→
猿人・原人の中間 ─→
       猿人 ─→
 万年前 ─┼────┼────┼────┼────┼────┼────┼────┼────┼────┼────┼──
        500  200  100   50   20   10   5    2    1   0.5  0.2  0.1
```

1．原人が再び現れたものだったのです。
2．旧人が日本で生き延びたものだったのです。
3．最初から新人だったのです。
4．原人と旧人の中間のものだったのです。

講義

25番　日本人の祖先

答えることは　❓

▶ 先生が立てた仮説

聞く前に　✓

▶ 図の横軸が表している時間の流れを確認しよう。
▶ 人間の祖先にはどんな種類がある？
▶ 現れた時期を大きく分けると？

聞きながらメモ　✏️

▶ 先生は何についての仮説を話している？
▶ 人類の転機はいつ？
▶ そのとき、どんなことが起こった？
▶ 旧人が現れたとき、日本に人類はいた？
▶ 日本で新人と旧人が共存する可能性は？

言葉・表現

□ 仮説（かせつ）　人類（じんるい）　新人（しんじん）　現代人（げんだいじん）　旧人（きゅうじん）　原人（げんじん）　猿人（えんじん）
■ 出現（しゅつげん）する　たどる　転機（てんき）　（姿（すがた）を）消（け）す　共存（きょうぞん）する　滅亡（めつぼう）する
　（仮説（かせつ））をたてる

正解：　3

26番

大学の先生が、「孫子の戦略論」について説明しています。
先生がビジネスのことにたとえて説明しているのは、表のどれとどれにあたりますか。

孫子の戦略論	
100回戦って100回勝利することが最高の行動ではない。戦わないで勝つことが最善である。	
戦わずして勝つ	戦って勝つ
①事前に相手の意図を見破って、戦うことをやめさせてしまう	②敵のことを知り、自軍のことを知れば、負けることはない
	③敵のことを知らず、自軍のことだけを知っているならば、勝負はいつも五分五分である
	④敵のことを知らず、自軍のことも知らなければ、常に負ける危険がある

（菊澤研宗著『戦略の不条理』光文社新書より）

1．①と②
2．①と③
3．②と③
4．③と④

講義

26番 孫子の戦略

答えることは❓
▶ 先生がビジネスの例で説明していること

聞く前に ✓
▶ 図の①〜④を読んでおこう。
▶ 選択肢1〜4をチェック！

聞きながらメモ ✏️
▶ この図は何を表したもの？
▶ 自社とライバル社、どちらが先に新製品を発売した？
▶ どうしたらライバル社に勝てる？
▶ 半分のシェアしか得られないのはどんな場合？

言葉・表現
□ 戦略　ビジネス　勝利（しょうり）　戦（たたか）う　敵（てき）　五分五分（ごぶごぶ）
■ 戦争（せんそう）　置（お）き換（か）える　ライバル　弱点（じゃくてん）　分析（ぶんせき）　補（おぎな）う　打（う）ち出（だ）す
　セールスポイント　せいぜい　シェア

正解：　3

27番

先生が、コミュニケーション・ネットワークについて説明しています。
先生が最後にする質問の答えは、どれですか。

1 くさり型
リレーのように意思伝達

2 円型
平等に意思伝達

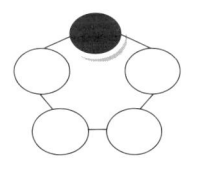

3 車じく型
ある一人から全員に一方向に伝達

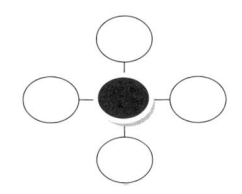

4 階層型
上から下へと意思伝達

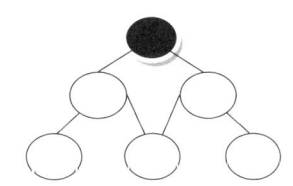

講義

27番　コミュニケーション・ネットワーク

答えることは❓
▶ 先生が最後にする質問の答え

聞く前に✓
▶ 1～4の図で、何が違うかチェックしよう。
▶ 図の中にある言葉もチェック！
　例）リレーのように意思伝達、平等に、一方向、上から下

聞きながらメモ✎
▶ 四つの違いは？
▶ 伝達のスピードはどれが速い？
▶ メンバーの満足度はどれが高い？
▶ 組織化の点から安定しているのはどれ？

言葉・表現

□ リレー　意思　伝達　平等　一方向
■ （メンバー）間　パターン　集団　機能　伝わり方　偏り
　生じる　満足度　やや　かなり　組織化　安定　不安定
　特徴　素早い　および　適している

正解：3

28番

大学の先生が、適度な運動について話しています。
このあと先生は、何と言いますか。

主観的運動強度(RPE)と心拍数の関係

	RPE	感じ方	心拍数
効果なし	6〜8	非常に楽である	〜80
	8〜10	かなり楽である	80〜100
	10〜12	楽である	100〜120
適度	12〜14	ややきつい	120〜140
危険	14〜16	きつい	140〜160
	16〜18	かなりきつい	160〜180
	18〜20	非常にきつい	180〜 (拍/分)

RPE = Rating of Perceived Exertion

1．RPEは低くなり、運動をきついと感じるようになります。
2．RPEは低くなり、運動をきついと感じなくなっていきます。
3．RPEは高くなり、運動をきついと感じるようになります。
4．RPEは高くなり、運動をきついと感じなくなっていきます。

講義

28番　適度な運動

答えることは？

▶ このあと先生が言うこと

聞く前に ✓

▶ 「主観的運動強度」「RPE」「心拍数」の読み方は？
▶ 選択肢1～4の文の、同じ部分をチェック！

> 1．PREは低くなり、運動をきついと感じるようになります。
> 2．PREは低くなり、運動をきついと感じなくなっていきます。
> 3．PREは高くなり、運動をきついと感じるようになります。
> 4．PREは高くなり、運動をきついと感じなくなっていきます。

聞きながらメモ ✏

▶ 「心拍数」とは何？
▶ RPEとは何？
▶ 運動中に「きつい」と感じても、どんなことがある？ 「それは例外的」とは？
▶ ほとんどの人にはどんな関係がある？

言葉・表現

□適度　運動　主観的　強度　心拍数　非常に　かなり
　やや　きつい
■段　心臓　ドキドキ　つらい　たいして　例外的
　（性別）にかかわらず　共通　一定　（増える）につれて

正解：　3

29番

大学の先生が、ウサギの色を決定する遺伝子について説明しています。
先生が最後にする質問の答えは、どれですか。

	AE	Ae	aE	ae
AE	AAEE	AAEe	AaEE	AaEe
Ae	AAEe	AAee	AaEe	Aaee
aE	AaEE	AaEe	aaEE	aaEe
ae	AaEe	Aaee	aaEe	aaee

A：黒
a：白
E：黒を灰色に変える
e：色を変化させない

A・E：優性
a・e：劣性
（A＞a）（E＞e）

1. 1カ所
2. 2カ所
3. 3カ所
4. 4カ所

講義

29番　ウサギの色

答えることは　？

▶ 大学の先生が最後にする質問の答え

聞く前に　✓

▶ アルファベット記号と色を確認しよう。
▶ アルファベットの大文字は優性、小文字は劣性。Ａａ、ＥｅのときはＡ、Ｅと考えていい。

聞きながらメモ　✎

▶ ラージＡはどんな遺伝子？　スモールａはどんな遺伝子？
▶ どうしてＡＡＥＥは灰色のウサギに？　ラージＥ遺伝子はどんな性質？
▶ どうしてＡａｅｅは黒のウサギに？　ラージＡ遺伝子とスモールｅ遺伝子との関係は？
▶ 先生の質問は？　白ができる場合は、どんな遺伝子の組み合わせになる？

言葉・表現	□遺伝子　灰色　変化　優性　劣性 ■アルファベット　表す　ラージ　スモール　色素　２列目 　組み合わせ　何カ所

正解：　４

30番

大学の先生が、図を見せながら話しています。
先生は、人間が成長するには何番と何番が最も大切だと言っていますか。

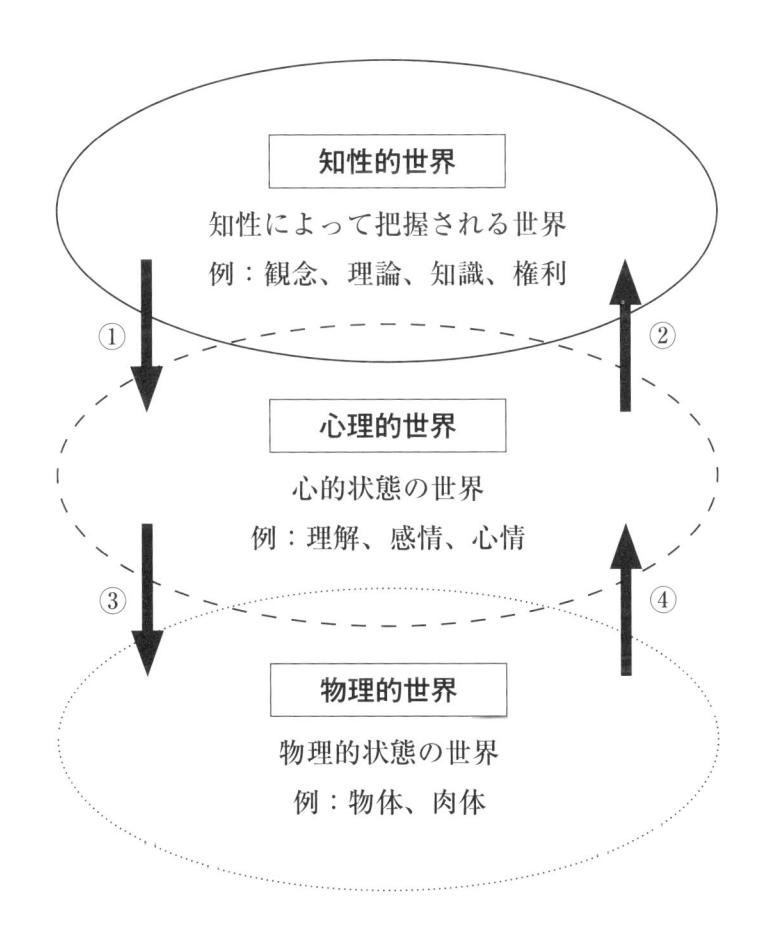

```
         知性的世界
      知性によって把握される世界
       例：観念、理論、知識、権利

    ①↓                    ②↑

         心理的世界
         心的状態の世界
       例：理解、感情、心情

    ③↓                    ④↑

         物理的世界
         物理的状態の世界
         例：物体、肉体
```

（菊澤研宗『戦略の不条理』光文社新書より）

1．①と②
2．②と④
3．③と④
4．①と③

講義

30番　人間の成長に必要なこと

答えることは ?
- 人間の成長には何と何が大切か

聞く前に ✓
- 「知性的世界」「心理的世界」「物理的世界」は、それぞれどんな世界？
- ①～④の「→」はどんなことを表している？

聞きながらメモ
- お互いに相互作用し合っているのは、どの世界とどの世界？
- 中心になっている世界は？
- 人間の成長から遠いのはどの世界？

言葉・表現	□成長　知性　(知性)的　観念　理論　知識　権利　心理 理解　感情　心情　物理　物体　肉体 ■存在する　相互作用　重要(な)　刺激　(刺激)を受ける 働きかける　空腹　働きかけ　戻る　得る

正解： 1

日本留学試験
速攻トレーニング
聴読解編

発行日	2011 年 4 月 28 日（初版）
	2019 年 4 月 2 日（第 8 刷）

著者	嶋田和子、内田友代、中尾明子、西川幸人、森節子、澤田尚美
編集	株式会社アルク出版編集部、有限会社ギルド
イラスト	秋本麻衣
ナレーション	大山尚雄、都さゆり
録音・編集	株式会社メディアスタイリスト
CD プレス	株式会社ソニー・ミュージックコミュニケーションズ
デザイン・DTP	有限会社ギルド
印刷・製本	図書印刷株式会社
発行者	田中伸明
発行所	株式会社アルク
	〒102-0073　東京都千代田区九段北 4-2-6 市ヶ谷ビル
	TEL：03-3556-5501　FAX：03-3556-1370　Email：csss@alc.co.jp
	Website：https://www.alc.co.jp/

落丁本、乱丁本は弊社にてお取り替えいたしております。アルクお客様センター（電話：03-3556-5501　受付時間：平日9時～17時）までご相談ください。本書の全部または一部の無断転載を禁じます。著作権法上で認められた場合を除いて、本書からのコピーを禁じます。定価はカバーに表示してあります。

ご購入いただいた書籍の最新サポート情報は、以下の「製品サポート」ページでご提供いたします。
製品サポート：https://www.alc.co.jp/usersupport/

©2011 Kazuko Shimada/Tomoyo Uchida/Naomi Sawada/Akiko Nakao/Sachito Nishikawa/Setsuko Mori/ALC PRESS INC.
Mai Akimoto
Printed in Japan.
PC:7011038
ISBN:978-4-7574-1988-9

地球人ネットワークを創る

アルクのシンボル
「地球人マーク」です。

日本留学試験
速攻トレーニング
聴読解編

実践編
スクリプト

実践編 実用

1番 [CD1 02]

女子学生が、手話講習会の予定表を見ながら電話で話しています。
この女子学生は、どのクラスを申し込みますか。

学生：あのう、手話講習会のことでお電話したんですが。
係員：はい、手話は初めてですか。
学生：いいえ、高校のサークルで1年間、活動をしたことがあるんですが。
係員：では、初級コースじゃなくて大丈夫ですね。
学生：ええ。あのう、上級コースには入れませんか。
係員：あ、上級コースは手話を2年以上なさっている方が対象なんですが。
学生：あ、そうですか。
係員：あの、学生さんですか。
学生：ええ、そうです。
係員：じゃ、昼間はダメですね。
学生：ええ、昼間はちょっと……。
係員：会場はおわかりですか。
学生：ええ、大学のすぐ近くですから。
係員：では、申し込み書をお送りしますので、ご住所をお願いできますか。

2番 [CD1 03]

女子学生が、不動産屋で部屋を探しています。
この学生は、どの部屋を見に行きますか。

不動産屋：いらっしゃいませ。
学生　　：すみません。部屋を探しているんですが。
不動産屋：どのような物件をお探しですか。
学生　　：ワンルームで、できるだけ安い部屋がいいんです。でも、あんまり古い部屋は……。いろいろ直してあっても10年以上たっているのは、ちょっと……。
不動産屋：それでしたら、こちらはいかがでしょうか。
学生　　：女性専用なんですね。
不動産屋：ええ。そのためか建物全体もきれいですよ。
学生　　：あ、でも、学校から遠くなっちゃうから……。
不動産屋：そうですか。では、こちらの物件はいかがでしょう。両方とも比較的新しい建物で、状態もいいですけど。
学生　　：じゃあ、今日はとりあえず、こっちのほうを見せていただけますか。やっぱり安いほうから考えてみたいんで。
不動産屋：はい。それでは、さっそく見に行きましょう。

3番 [CD1 04]

男の人と女の人が、話しています。
この男の人は、どの電車に乗りますか。

男：明日7時までに池袋に行かなくちゃいけないんだ。何時の電車に乗ったらいいかなあ。
女：ちょっと待って、時刻表見てみるから。えーと、ここから池袋まで急行で40分だから……。この6時20分の電車かな？
男：それじゃギリギリだから、もう少し早いのがいいなあ。電車降りてから少し歩くし。遅れるとまずいんだよ。
女：じゃ、一つ前のこれは？
男：え、ちょっと見せて。準急だと池袋まで1時間かかるから、これじゃ、もっと遅れちゃうよ。あれ？意外にちょうどいいのがないんだなあ。
女：そうね。これは途中で抜かれちゃうし、その前はまた準急か……。じゃ、少し早く着くけど、この急行にしたら？
男：そうだね。うん、これにしよう。20分も余裕があるけど、安心だ。

4番 [CD1 05]

女子学生と男子学生が、アルバイト紹介の掲示板の前で話しています。
この女子学生が応募するのは、どれですか。

男子学生：新しいバイト、探してるんだって？　今一つやってるんだよね。確か、土曜日と日曜日に。
女子学生：うん。でも、最近、お客さんが減っているから、来月からどちらか1日来ればいいっ

て言われちゃったの。
男子学生：それで、新しいのを探しているってわけか。今のはやめるの？
女子学生：ううん、今のも続けて……。ほかに週2回くらいやろうと思って。
男子学生：2カ所も大変じゃない？
女子学生：昼間だけ働くつもりだから、大丈夫よ。今年は授業も楽だし。
男子学生：ふーん。じゃあ、これなんか、いいんじゃない？
女子学生：金曜日？　金曜は卒論ゼミがある日だから、無理だよね。
男子学生：じゃ、こっちは？
女子学生：ああ、それなら、大丈夫。じゃ、さっそく応募しよう。

CD1 06　5番

女子学生が、電話でアルバイトの面接の申し込みをしています。
この女子学生がアルバイトをすることができる日は、何曜日ですか。

学生：すみません、アルバイト募集のことで、お電話したんですけど。
店長：はい。うちは日曜日が休みで、週2、3回来てもらうのが条件なんですが……。
学生：はい、えっと、時間は……。
店長：今うちの店は、平日の朝早くと夕方、それと週末に人が足りなくてね。
学生：朝10時頃までなら、週2回できますけど。
店長：じゃ、お願いしたいですね。それにもう1回、曜日は問いませんが、夕方はどうですか。
学生：夕方って、何時からですか。
店長：4時から、2、3時間。
学生：そうですか。週末は忙しいんですけど、平日の夕方なら1日できます。
店長：じゃあ、明日の夜6時過ぎに面接に来てください。

CD1 07　6番

男子学生が、学園祭のパンフレットを見せながら女子学生を誘っています。
二人が行く催し物は、どれですか。

男子学生：今度の日曜日、ひま？
女子学生：うん、なあに？
男子学生：実は、妹の短大の学園祭なんだけど、妹が催し物に出るんだよ。
女子学生：あ、あのピアノが上手な妹さんね。行く、行く。私もピアノ、大好きだし。
男子学生：うん。でも、今回はそっちじゃなくて。
女子学生：えっ、何をするの？
男子学生：あいつ、いろいろ興味があってさあ。
女子学生：歌も上手だったよね。
男子学生：まあね。でも、今回は……。
女子学生：ええ？　じゃ、これかな。
男子学生：うん。そう、それ。でも、「その他大勢」で出るだけで、主役じゃないよ。
女子学生：へえ、どんな役？　見てみたいなあ。連れてって。

CD1 08　7番

女子学生と男子学生が、プリントを見ながら話しています。
この男子学生は、いつ山田先生に会いに行きますか。

女子学生：夏休みのレポートのテーマ、何にするか決めた？
男子学生：ううん、まだ。山田先生と面談しなくちゃいけないんだよね。木村さんはもう面談の予約、したの？
女子学生：うん。
男子学生：そうか、ぼくはどうしようかなあ。午前中は毎日授業だし……。月曜日の午後はサークルの打ち合わせがあるし……。
女子学生：あんまり勝手なこと、言ってられないよ。もう時間がないんだから。
男子学生：うーん。
女子学生：そうそう。来週火曜日の2時間目の人類学、休講じゃなかった？
男子学生：そうだったね。でも、その時間は次の時間のテスト勉強をしなくちゃ。
女子学生：3時間目って、フランス語？
男子学生：うん。やっぱり、ここかここだな。
女子学生：1日でも早いほうがいいんじゃない？
男子学生：そっか。じゃ、この時間に予約しよう。

8番

大学の担当者が、四つの奨学金について説明しています。リンさんが申し込める奨学金は、どれですか。

　それでは、この四つの奨学金について説明します。プリントをお持ちでない方がいるようなので、口頭でゆっくり説明します。原則として、いずれも専攻は問いませんが、若干例外もありますので、注意して聞いてください。
　まず1番の奨学金についてですが、このアジア友好奨学金は、学部生つまり1年生から4年生で、学業成績が優秀なアジアからの奨学生を対象に給付されます。男女とも申し込めます。
　次の2番の石田記念奨学金は学部の1、2年生が対象になります。国籍・性別は問いません。
　次の3番のカトレア・スカラーシップは、女子学生のみ対象としています。学部生、大学院生いずれも応募可能ですが、ただし、学部生の場合は理科系学生に限ります。国籍は問いません。
　最後の4番、FJ研究助成金は大学院に在学中の、成績優秀で経済的援助が必要な学生に給付されます。
以上ですが、何かご質問は？

9番

女子学生と男子学生が、ポスターを見ながら話しています。
キムさんは、このコンテストの応募条件に合っていますか。

女子学生：このコンテスト、キムさんにぴったりじゃない？
男子学生：そうかな……。キムさんは活動的で、あまり作文って雰囲気、ないけどな。
女子学生：日本人との交流にも熱心だし、こっちの部門に応募したらいいと思って。ほら、サークルの活動資金も手に入るし。
男子学生：そうだな。でも、キムさん、あんなに日本語うまいんだから、日本、長いんじゃない？
女子学生：ううん、国でかなり勉強してたみたい。一度旅行で来て3週間くらいいたって聞いたことあるけど、あとは日本に来て大学に入る前に1年間日本語の勉強をしたって言ってたよ。今2年生だし、大丈夫だよね。
男子学生：あれ？　これ大丈夫かな？　この前22って言ってたけど……。
女子学生：そうね。誕生日いつだろう……。次の授業で会ったら、聞いてみるね。

10番

男子学生と女子学生が、カルチャースクールのパンフレットを見ながら話しています。
女子学生が行くことにした講座は、どれですか。

男子学生：あ、それ、カルチャースクールのパンフレット？　何か習い始めるの？
女子学生：うん。この四つ全部興味あるんだけどねえ。ゼミがねえ、結構忙しいから。
男子学生：ああ、そうか。でも土曜日はゼミないだろう？
女子学生：それはそうなんだけど。
男子学生：へえ、これ、外に行ったりもするんだね。おもしろそう。
女子学生：ああ、そうね。でも、私、土曜日の5時からバイト入ってるから、1日行くのは無理だなあ。
男子学生：ふうん、そうか。じゃ、本読むのがいいの？
女子学生：う～ん、でもやっぱり就職のときに役に立ちそうなもののほうがいいかな。うん、これなら時間も大丈夫だし。
男子学生：え、でも中級クラスをここで終わった人って書いてあるよ。
女子学生：ああ、私、半年前にここで勉強してたから大丈夫なの。
男子学生：ああ、そうなんだ。じゃ、ここで勉強してペラペラになるように、がんばって。

11番

男性と女性が、「ウェブサイトサービスの利用状況」を見て、話しています。
この男性が意外に思っている項目は、どれですか。

男性：ウェブサイトでショッピングをするのは世代であまり差がないけど、映像や音楽を視聴するのは世代でずいぶん違うんだね。

女性：そうね。ウェブサイトを利用して映像や音楽を
　　　ダウンロードする人って、やっぱり若い人が多
　　　いんだ。
男性：そうだね。でも、ぼくは世代間ではあまり差が
　　　出ないと思ってたんだけど。仕事を離れて時間
　　　がたっぷりあるから、好きな音楽や映画を見て
　　　いる人がもっと大勢いるかと。
女性：そうよね。たぶん、見ているとは思うけど、レ
　　　ンタルショップに音楽や映画のソフトを借りに
　　　行くのかなって。
男性：そうか。家でネットショッピングはするけど、
　　　映像や音楽のダウンロードはしないのかもね。

12番

男の人が、荷物の連絡票を見ながら、もう一度配達を
してもらう電話をしています。
男の人が3011　511236のあとに入力した数字は、ど
れですか。

男の人　　：あ、荷物が来てる。電話して再配達、頼ま
　　　　　なきゃ。
音声案内：お電話ありがとうございます。こちらは再
　　　　　配達受付です。最初に営業所番号を入力し
　　　　　てください。どうぞ。
　　　　　お荷物番号を入力してください。
男の人　　：え、お荷物番号って。ああ、これか。
音声案内：お荷物番号は5,1,1,2,3,6ですね？　よろし
　　　　　ければ2を、訂正する場合は9を入力して
　　　　　ください。
男の人　　：OKっと。
音声案内：ご希望の配達日を、入力してください。
男の人　　：えっと、明日は6日だから……。
音声案内：ご希望の配達時間帯を入力してください。
男の人　　：ええっと、夜しかダメだから、これか。
音声案内：ご希望は5月6日午後7時から9時ですね？
　　　　　よろしければ2を、訂正する場合は9を入
　　　　　力してください。
男の人　　：OKっと。
音声案内：ご希望を承りました。

13番

男性が、本屋で店員に問い合わせをしています。

この男性は、A～Fのどの部分に記入しますか。

男性：すみません。本の在庫を調べていただきたいの
　　　ですが。
店員：はい。書名をお願いします。
男性：それが……原書で読んだので、英語のタイトル
　　　と著者はわかっているんですが、日本語版のタ
　　　イトルがわからないんです。
店員：お調べするのは日本語版のほうですね。
男性：はい。
店員：翻訳が出ていることは確かなんですね。
男性：ええ、確かです。友人が持っているのを見まし
　　　たから。
店員：出版社はおわかりですか？
男性：それが、覚えていないんです。
店員：翻訳者はおわかりですか。
男性：うーん、それも正確には覚えていないんですが、
　　　確か女性で……。すみません、これだけじゃ、
　　　わかりませんか。
店員：そうですねえ、できる限りお調べしてみますが。
　　　それでは、こちらの用紙におわかりの範囲内で
　　　結構ですのでご記入お願いします。
男性：はい。

14番

男子学生が、女子学生に家族旅行について相談してい
ます。
この男子学生が女子学生に見せているプランは、どれ
ですか。

男子学生：来月、家族が日本に来るんだけど、どこに
　　　　　連れて行こうか困ってるんだ。
女子学生：ご家族の希望はないの？
男子学生：うん。父は京都のような日本の古い町を見
　　　　　物したり、温泉に入ったり……。
女子学生：ああ、日本情緒をたっぷり味わいたいって
　　　　　わけね。
男子学生：そう。母は日本料理を食べたり、ショッピ
　　　　　ングしたいって言うし、妹は見たり食べた
　　　　　りするだけじゃなくて、自分でも何かやっ
　　　　　てみたいって言うし。
女子学生：へえ、いろいろあるんだ。滞在は何日ぐら
　　　　　い？
男子学生：1週間なんだけど、団体旅行だから自由行

　　　　　動は２日ぐらいしかないらしいんだ。
女子学生：じゃ、あんまりあちこち行けないね。
男子学生：うん、だから、このプランにしようかと思ってるんだ。ほら、これ。

15番

女子学生と男子学生が、海外旅行用のスーツケースについて話しています。
この女子学生は、レンタル料金をいくら払いますか。

女子学生：ねえ、春休みのゼミ旅行に持っていくスーツケースどうした？
男子学生：ああ、レンタルしようと思ってるんだ。
女子学生：そうか、借りるっていう手もあるんだ。私、昨日お店で見たら、２、３万もするんでびっくり。
男子学生：借りたほうがいいよ。レンタル料金表、持ってるよ。見る？
女子学生：うん、サンキュー。
男子学生：９日間だから「中」の大きさでもいいかなと思ってるんだけど……。
女子学生：へえ、意外と安いね。でも、私は荷物が多いほうだから、「大」じゃないと入りきらないかなあ。あれ？　レンタル日数は旅行日数に１日足すんだって。
男子学生：うん。別に往復配送料金も 1,400 円かかるんだよ。
女子学生：往復って、スーツケースを届けたり、回収したりもしてくれるの？
男子学生：もちろん。
女子学生：決めた。そうすると、私の料金はいくらになるかなあ……。

実践編　**相談**

1番 (CD1-17)

男子学生と女子学生が、ボランティア活動について話しています。
この女子学生は、どれに参加するつもりですか。

男子学生：何見てるの？
女子学生：ボランティアやりたいんだけど、予定が合わなくて……。
男子学生：ふうん。
女子学生：できたら自分の専攻と関係あるのがいいんだけどな。
男子学生：専攻って、コミュニケーションだったよね？じゃ、朗読ボランティアなんかいいんじゃないの？
女子学生：うん。でも去年もおととしもやったし……。ほかのをやってみたいんだ。
男子学生：じゃあ、これは？
女子学生：7月25日から30日まで集中講義なんだ。
男子学生：じゃあ、これは？　都合のいい日に行けるよ。
女子学生：でも、運転免許持ってないのよ。
男子学生：じゃ、これだね。専攻とも関係あるんじゃない？
女子学生：そうだね。何と言っても人と人が直接触れ合う現場だもんね。

2番 (CD1-18)

留学生が、ほかの大学の図書館を利用します。
この留学生は、申し込み書の何番に○をつけますか。

学生：すみません。あのう、ほかの大学の図書館にある文献を調べたいんですが……。
職員：あ、そうですか。じゃ、依頼状が必要ですから、この申し込み書に記入してください。
学生：はい。あのう、閲覧と貸し出しは、どう違うんですか。
職員：閲覧はその図書館で本を読むだけですが、貸し出しは本を借りることです。
学生：あ、わかりました。えっと、これでいいですか。
職員：はい。あ、この大学に行かなくても図書やコピーを送ってもらうことができますよ。
学生：そうですか。でも、いろいろな関連文献を見てから、自分でコピーを取りたいんです。
職員：あ、そうですか。じゃ、行って本を調べるということですね。

3番 (CD1-19)

男子学生と女子学生が、話しています。
二人は、どこへ行きますか。

男子学生：ねえ、情報科学のレポート、何書くか決めた？
女子学生：ううん、まだ。来週、レポートの材料探しに行こうと思って。ねえ、いっしょに行かない？
男子学生：うん。
女子学生：ほら、これ。ずいぶんいろんな博物館があるのね。
男子学生：へえ、あ、ここはおもしろそうだね。
女子学生：うん、ここはいろんな実験を体験できるらしいよ。海の底を調べる調査船があったり、最先端の科学がわかるようになっているみたい。
男子学生：ふーん、でも、今度のレポートにはこっちのほうがよさそう。名前からしてぴったりだし。
女子学生：そうね、だけど私、月曜日しかバイト休めないし。
男子学生：あ、そうか。じゃ、これは？　「印刷とコミュニケーションの未来を考える」だって。新聞情報博物館がダメなら、ここでもいいよね。
女子学生：あ、でも、月曜休館じゃ、こっちもダメダメ。先端科学のほうにするしかないね。
男子学生：ちょっと待てよ。再来週の月曜は、祝日だったよね。
女子学生：あ、そうだ。じゃ、その日に行けるね。やっぱりここへ行こうよ。

4番

大学の先生と女子学生が、社会学のレポートのメモを見ながら話しています。
女子学生は、このメモのどの部分を変更しますか。

先生　　：はい。じゃ、このテーマで進めていきましょう。ええっと、どんな文献にあたるんですか。
女子学生：はい、過去の論文と研究文献です。
先生　　：そうですか。新聞とか雑誌にもあたるといいですよ。この間もいいデータが載っていましたよ。
女子学生：はい、わかりました。
先生　　：それから、アンケート調査だけど、先方に了解はとってあるんですか。
女子学生：あ、まだなんですけど、兄が中学校で教師をしているので頼もうと思っています。1クラス40名で3クラスあるので、120名……。先生が調査には、最低100名必要っておっしゃっていたので、ちょうどいいかなと思って……。
先生　　：ええ、人数はいいんですが、この学校、女子校ですね。男女半々くらいにしないと調査結果が偏る可能性がありますよ。
女子学生：はい、わかりました。ほかの学校も考えます。

5番

男子学生と女子学生が、掲示板を見ながら話しています。
この男子学生は、どの授業を選びましたか。

女子学生：体育の授業、どれにするか決めた？
男子学生：まだ。迷ってるんだ。
女子学生：サッカーの人気、すごいんだってね。抽選になりそうだって。
男子学生：へえ。サッカー、やりたいけど、抽選に弱いんだな、ぼくは。
女子学生：やったことがないものにチャレンジするのもいいじゃない。ジャズダンスなんか、おもしろそうだけど。
男子学生：え？　月曜の1時間目だよ。大変じゃないか？……やっぱり高校のときやってたバレーボールにするか。
女子学生：でも、朝ゆっくりしたいなんて言ってたら何にもできないよ。……私はジャズダンスやってみる。
男子学生：元気だなあ。じゃあ、ぼくは……、あ、これ、1年で二つのスポーツができるんだ。
女子学生：ああ、そうね。
男子学生：うん、よし、ぼくはこれだ。これにする。

6番

男子学生と女子学生が、図書館で話しています。
男子学生は、パソコンでメニューの何番を選びますか。

男子学生：どうしようかな、係の人いないし……。
女子学生：どうしたの？
男子学生：発達心理学の参考図書なんだけどね。
女子学生：えっ？　予約したんじゃなかったの？
男子学生：うん、それは別の本。もう1冊読みたいんだけど、今、棚にないんだよね。
女子学生：ふうん。
男子学生：昨日来たときはあったんだけど、誰かが借りちゃったのかな？　予約しとけばよかったな。
女子学生：それぐらいならパソコンで調べられるよ。ほら、あそこのパソコンで。
男子学生：あ、ほんと。調べてこよう。
女子学生：予約もいっしょにしといたら？
男子学生：うん、そうする。

7番

男子学生と女子学生が、話しています。
男子学生の考えと同じなのは、何番ですか。

男子学生：ねえ、木村さんはアルバイトについてどう思ってる？
女子学生：うーん、私はもしチャンスがあったら、やったほうがいいと思う。だって、アルバイトって社会勉強になるでしょう。私、今、コンビニでやっているけど、レジでのお金の管理とか、商品の注文のこととか、いろいろ考えさせられるもの。

男子学生:そうだよね。でもね、木村さんみたいな考え方は、最近、ちょっと減っているみたいだよ。ほら、これ。大学生のアルバイトに対する考え方のグラフなんだけど。

女子学生:へえ。……あっ、私の店に、自分はアルバイトだからって、ちゃんと仕事しない人がいるの。うーん、やっぱりね……こういう意識の人がちょっと減っているんだ。

男子学生:ふーん。だって、社員がいるんだから、アルバイトはあまりがんばらなくてもいいんじゃない?

女子学生:そういう考え方ってあまりよくないと思うんだ。自分がやろうと思ったことは最後までやらないと。

男子学生:でもさ、そうやって、アルバイトを一生懸命やって、勉強ができなくなったら、それはもっとよくないんじゃない? 卒業できなかったら、困るし。

女子学生:確かにそうだけど……これを見ると、きっと田中君のように考える人が多くなっているのかもね。

8番

女子学生が、電話でボランティアの問い合わせをしています。
この学生がボランティアに参加する日は、いつですか。

女子学生:あの、新聞で掃除をするボランティアのことを知ってお電話したんですが。このボランティアに参加したいと思いまして……。

ボランティアセンターの人:ありがとうございます。参加ご希望はいつですか。

女子学生:3日の土曜日は、どうでしょうか。

ボランティアセンターの人:申し訳ありません。3日は申し込みが多くて、もう受け付けを締め切ったんです。

女子学生:あ、そうですか。じゃ、ほかの日は?

ボランティアセンターの人:そうですね。今月は2週と4週の土日ですね。これは2時からです。それから3週目の土日ですと、朝8時から。で、いずれも、時間は2時間ですが。

女子学生:そうですか。朝はちょっと……。

ボランティアセンターの人:24日はまだ申し込みが少ないのですが、この日はいかがでしょうか。

女子学生:その日はゼミの打ち合わせがあるので、ほかの日にしたいんですが……。でも、15日に発表があるから、日曜日は準備に使いたいし……。あの、ちょっと早く帰ってもいいでしょうか。

ボランティアセンターの人:ええ、前もってそう言っていただければ。

女子学生:ああ、よかった。じゃあ……。

9番

先輩学生が、新入生と話しています。
先輩学生が案内する順番は、どれですか。

先輩学生:これから学部の建物を案内します。この図を見てください。皆さんがよく使うところを中心に案内するつもりですが、特に希望があったら、どうぞ。

新入生A:奨学金のことを早く調べたいと思っているんですが。

先輩学生:それは学生課です。事務棟にあります。学生課は全員にかかわりの深いところですから、初めに行きましょう。

新入生B:自分のコンピューターが使えるって聞いたので、センターに行きたいんですが。

先輩学生:はい。でも、まず学生課でコンピューター登録をしなければなりませんね。センターはそのあとにしましょう。

新入生C:すみません。お金を下ろしたいときにはどこへ行けばいいんでしょうか。

先輩学生:銀行のATMがあそこの階段の下にあります。この大学会館には、売店やレストランもありますから、あとで一通り回りましょう。

新入生D:売店があるんですね。じゃ、そこで、教科書も買えますか。

先輩学生:はい、買えますよ。あ、今開いたようですから、じゃあ、込まないうちに先にこちらの建物を案内しましょう。お昼頃、図書館で解散する予定です。

10番

留学生同士が、研修会でどの分科会に参加しようか話し合っています。
この二人は、どの分科会に申し込みますか。

女子学生：今度の研修会なんだけど、2日目の分科会はどれにする？
男子学生：留学生なんだから、やっぱり留学生の問題を扱ったテーマがいいよ。
女子学生：そう？　冬の協議会も同じようなテーマだったじゃない。こっちの、大学改革の分科会のほうがおもしろいと思うけど。
男子学生：だけど、これは大学だけじゃなくて、小学校まで取り上げてるんで、ちょっとねえ……。留学生のじゃなかったら、ぼくはこれがいいと思うな。
女子学生：どうして？
男子学生：だって、教育って、学校だけが責任を負うものじゃなくて、親の考え方や教育方針なんかが大きく影響してると思うんだよ。
女子学生：なるほどね。でもそれなら学校教育とか家庭教育とかにとらわれないで、もっと広く考えてみる必要があるんじゃないかな？
男子学生：そっか。それじゃ、ちょっと視点を変えてみるか。

11番

女子学生と男子学生が、「健康診断のしおり」を見ながら話しています。
男子学生は、どの順番で健康診断をしますか。

女子学生：今日、健康診断でしょう？
男子学生：うん。女子は昨日終わったんだろう？
女子学生：結構込んでて大変だったわよ。やることも多いし……。
男子学生：でも、順番をうまくすれば、早く終わるよね。
女子学生：そう。やらなくていいのもあるし。
男子学生：去年は身長とか体重とかも測ったけど、今年はやらなくてもいいんだよね？
女子学生：そうよ。
男子学生：じゃ、これはやめるとして……。昨日の経験からいうと、順番は？

女子学生：そうねえ、血圧は早く行っちゃったほうがいいわよ。
男子学生：ふーん。
女子学生：それから、レントゲンははじめのほうに行く人が多いから、あと回しにしたほうがいいと思うわ。
男子学生：あ、そうか。

12番

大学の職員が、地図を見せながら教科書販売について説明しています。
文学部の学生は、どの順番で買いに行きますか。

えーと、それでは皆さんには、今から教科書を買いに行っていただきます。今、配った地図を見てください。混雑を避けるため、教科書は6カ所に分けて販売します。まず、全員が買う一般教養の必須科目の教科書は、正門横のAで販売しています。経済学専攻の学生の教科書は、9号館の前のBで売っています。文学専攻の学生の教科書は10号館の前のCです。それから、経済学部の学生は、全員英語の教科書を買ってください。これは食堂の横です。あ、食堂に向かって右側のEですね。文学部の学生は食堂に向かって左側のFで第1外国語の教科書を販売しますので、各自買ってください。
　経済学部の学生は一般教養の教科書を買ったあとで英語の教科書、専門の教科書の順。文学部の学生は専門の教科書のあとで一般教養の教科書、第1外国語の教科書の順番で買ってください。

13番

警察の人が、飲酒運転について話しています。
警察の人が最後にした質問の答えは、どれですか。

えー、皆さん。お酒を飲んだ翌朝、一晩寝たから大丈夫だと言って車の運転をする人がいますが、これは大変危険です。お酒は飲んだ翌日でも、体内で処理されきっていないことがあるんです。
　どんなお酒でも、飲んだアルコールの量がわかれば、体が処理するのに必要な時間を計算することができます。それにはこのような式を用います。
　ここに挙げた例で考えると、摂取量を処理量で割る

ので、40を5で割ると処理時間がわかりますね。さて、では皆さん。この例の人が夜の11時に飲んでいた場合、翌朝何時まで運転してはいけないことになりますか。

14番

先生と女子学生が、食事について話しています。
この女子学生は、これからどんなことに気をつけなければなりませんか。

先生　　：これ、見たことがありますか。
女子学生：えっ？　何ですか。
先生　　：これは食事バランスガイドといって、毎日の食事を五つの区分に分けて、何をどのくらい食べたらいいかをわかりやすく示したものなんです。
女子学生：へえ。このSVっていうのは何ですか。
先生　　：それぞれのグループでの単位で、たとえば、主食だったら1SVが炭水化物40gという目安になっているんですよ。そして、この全体のバランスはこの三角形が下向きになっているのがいいんです。主食は5から7SVがいいですよ。
女子学生：えっ！　ということは、私の食事の仕方はバランスが反対かなあ。
先生　　：そうですか。昼ご飯や晩ご飯のとき、いつも白いご飯を食べていないんですか。
女子学生：はい。だって、ご飯をたくさん食べたら、太るかと思って。それより果物をたくさん食べたほうがいいかなと思っていました。あ、お菓子はこの中にないから、食べちゃいけないんですか。
先生　　：そんなことありませんよ。ほら、ここにあるでしょ。食べ過ぎたらよくないけど。
女子学生：へえ。

15番

男子学生と女子学生が、話しています。
女子学生のストレスの対処法は、どれですか。

女子学生：あのう、先輩はストレスがあるとき、どうやって解消しているんですか。
男子学生：そうだなあ……ぼくは何にも考えずに、ぼーっとテレビを見るかなあ。
女子学生：ふーん、男の人って多いんですかね。そういうストレス解消法。
男子学生：えっ、なんで？
女子学生：今日、授業で15歳以上の人がどのようにストレスに対処しているかっていうグラフを見たんですけど、ほら、これ、先輩のストレス解消法と同じです。
男子学生：あっ、本当だ。あと、これもぼくのストレス解消法だな。
女子学生：あっ、でも、それは自分の健康だけじゃなくて、周りの人の健康にもよくないですね。
男子学生：うん、そうなんだけどね……。
女子学生：先輩は、お酒はどうですか。
男子学生：ぼくはアルコールはダメでね。あっ、木村さんのストレス解消法って何なの？
女子学生：これを見ると、私のストレス解消法って、典型的なのかなって思いました。だって、いやなことがあっても、友だちと話していると、いつの間にか忘れられますから。
男子学生：そっか。いいね。そういうのも。
女子学生：あと、これ。
男子学生：へえ。
女子学生：いやなことがあっても、前向きに考えなかったら、どんどんいやになりますよね。悪いほうには考えないのが一番だって思っているんです。
男子学生：それもそうだね。

実践編　発表

1番

男子学生と女子学生が、ある町の予算について話しています。
A、B、Cは、それぞれ何を表していますか。

男子学生：それ何？
女子学生：ゼミ発表の資料。今度、地方予算について発表しなくちゃいけないから、私が住んでる町の予算を調べてグラフにしたの。
男子学生：ちょっと見せて。
女子学生：ねえねえ。ニュースで環境問題についていろいろ言われているのに、環境費って、土木費の三分の一しかないのよ。これからはもっと環境問題にお金を使うべきなんじゃない？
男子学生：それは確かにそうだね。……ねえ、この「民生費」って？
女子学生：あ、高齢者とか子どもとか障害がある人たちのための福祉の予算。
男子学生：ふーん、意外に多いんだね。教育費よりも多いのかあ。

2番

日本人学生と女子留学生が、アンケート結果について話しています。
女子留学生がよくわかると言っているのは、どのコメントですか。

日本人学生：これ見た？　留学生の意識調査の結果だって。
女子留学生：へえー、こんなアンケート、取ってたんだ。
日本人学生：リンさんはどう？　講義、やっぱり難しい？
女子留学生：うん。ときどき難しいって思うことがあるなあ。
日本人学生：じゃ、レベルが高いっていう、これかあ。
女子留学生：そうねえ……。でも、それよりこれ。このコメント、私、この感じ、すごくよくわかるなあ。
日本人学生：これ？
女子留学生：うん。自分が留学生だからかなって、考えちゃうことあるもん。
日本人学生：ええ？　そんなに上手なのに？
女子留学生：やっぱり言葉のせいかって悩むこともあるし……。ほら、それに、私だけじゃなくて、こういう人、けっこう多いんだ。
日本人学生：ほんとだ。

3番

男子学生が、女子学生に省エネについてインタビューしています。
この女子学生の部屋の省エネ度は、どれになりますか。

男子学生：では、これからあなたの部屋の省エネ度がどの程度か診断してみましょう。この表のチェック項目について、○か×をつけてみてください。
女子学生：えー、暖房は18℃以下、冷房は28℃以上が目標なんですが、とても無理です。それに、何もしないでのんびりしているときも、部屋の中が十分明るくないといやなんです。
男子学生：実はぼくもそうなんですよ。
女子学生：でも、その代わり、つけっぱなしには気をつけています。それに、しばらく留守にするときや使わないときは、プラグは抜いておくようにしています。
男子学生：新しい電気製品を使うときはどうですか。
女子学生：先輩からもらったものが多いんですが、買うときは、少し高くても省エネ型を買うようにしています。
男子学生：そうですか。○が五つの人は省エネ度A、三つと四つの人はB、一つと二つの人はC、○がゼロの人はDになります。

4番

女子学生が、地球環境についてレポートを発表しています。
この女子学生が注目しているところは、どこですか。

こちらをご覧ください。これは、人々が環境についてどのくらい関心を持っているか調べたデータです。全国の男女1,108人に「気になる環境問題は何か」について調べたところ、このような結果が得られたそうです。男女ともに関心が高いのは「地球温暖化」と「異常気象」ですが、私が注目したのはここです。男女の差は7％ぐらいで、差が大きいとは言えませんが、この問題は日常生活とかかわりが大きいため意識が高くなるのではないかと思われます。家庭内で家事は女性がすることが多く、洗濯をするときなど、特にこの問題が身近に感じられるということもあると思います。

5番

学生が、レポートの作成について教授に相談しています。
先生は、このプリントのA〜Dのどの部分に時間がかかると話していますか。

学生：あのう、先生、レポートのことでちょっと見ていただきたいんですが……。
先生：はい。あ、授業で配ったプリントを参考にしましたか。
学生：はい、このプリントを見ながら準備しています。
先生：そうですか。レポートのテーマは何ですか。
学生：えーと、「キャリアデザインと転職」というテーマです。
先生：そうですか。田中さんはどんな調査方法を考えているんですか。
学生：アンケートを予定しています。あっ、アンケートの依頼書はこんな感じで大丈夫でしょうか。
先生：はい、これでいいですよ。
学生：ありがとうございます。
先生：アンケートは、結果の集計はそんなでもないけれど、仮説を検証したり修正したりするのに時間がかかるから気をつけてね。あ、レポートの構成は先に考えてしまっていいですよ。書けるところから書き始めておいたほうがいいですから。
学生：はい、わかりました。

6番

女子学生が、子どもと遊びについて発表しています。

女子学生の質問に対して先生が挙げた例は、A〜Dのどれですか。

女子学生：最近、子どもたちが外遊びをしなくなったと言われていますが、その原因として、この四つが考えられます。まず、子どもたちが自由に遊べる時間が減ったこと。それから、自由に遊べる空間、遊び場ですね。これが少なくなったこと。次に、遊び集団、いっしょに遊ぶ仲間が少なくなったこと。そして、遊びの方法が貧困化していること。つまり、短時間で簡単にできる遊びしか知らない子どもが増えているということですね。これらは互いに関連し合っていて、この問題を解決していくためには社会全体での取り組みも必要だと思われます。ここで先生にもうかがいたいのですが、田中先生がこの中で、特にご自分の子どもの頃と大きく変わってしまったと思われるところはどこですか。
田中先生：そうだね。私が子どもの頃には家の周りのいたるところに空き地があって、そういうところで遊んだもんだけど、今の子どもたちはそういうことができる環境にないから、それが一番大きい違いかなあ。

7番

男子学生と女子学生が、グラフを見ながら話しています。
男子学生が自分の能力が低下していると思っているのは、どれですか。

男子学生：このグラフは何？
女子学生：これはね、国語に関する世論調査の結果の一つで、日本人の日本語能力について、書く、読むなどの四つの技能について質問したものなの。
男子学生：へえ。全体的に「低下している」と感じている人が多いんだね。
女子学生：聞く、話す、はほかの二つに比べたら、低下していると感じている人は少ないけど、敬語がうまく使えないとか、そんな理由からか、どちらかと言えば、話すほうが低下していると感じる人が多いみたい。

男子学生：なるほどね。ぼくもそう感じるなあ。アルバイトの面接とかで間違えたことあるし。あ、最近は活字離れとか言われて、新聞や本を読むことが少なくなったから、一番下かと思ったけど、そうじゃないんだね。
女子学生：そうなの。確かにそれも低下していると感じている人が多いんだけど、それより多いのがこれ。
男子学生：ああ、そうだね。だって、今は手紙よりもメールで簡単に済ませる世の中だし、ほとんどのことは電話でいいもんね。この能力もぼくは「非常に低下」だな。

8番

学生が、ゼミで発表しています。
この学生が例に挙げた商品は、四つの基本戦略のうち、どれを取り入れて成功しましたか。

一度売り上げが減少した商品をどうやったら売り上げを伸ばすことができるか。それには四つの方法があります。

手元の図を見てください。「ブランド強化」と「ブランド・リポジショニング」ですが、この二つは、ブランド名つまり、「商品名」を変える必要がないときに有効です。「ブランド強化」は、商品の販売対象も変えずに、従来の方針を延長する方法ですが、「ブランド・リポジショニング」は、販売対象を新しく広げるというものです。「ブランド変更」と「ブランド開発」は「商品名」を新しくする方法です。「ブランド変更」では、販売対象を変えませんが、「ブランド開発」は、販売対象も新しく探すことになります。

さて、このベビーオイルですが、最近少子化が進んでいることから売り上げが減少したそうです。しかし市場調査では「安心・安全」というブランドイメージが強く、人気は落ちていないということから、女性のスキンケア商品としても売り出すという方法をとって売り上げアップにつながったそうです。

9番

男子学生が、コミュニケーションと位置関係について発表しています。
男子学生が最後に説明しているのは、どれですか。

3人のグループが4人がけの席で話をするときの位置関係は、どのように決まるのでしょうか。図を見てください。たとえば、先生と学生2人が座る場合、C、Dの席に学生2人、Bの席に先生という位置になります。つまり目上の人が入口から一番遠い奥の席に座り、奥に座った人は会話のリーダーとなるのです。では3人が同年齢の友人同士であったなら、このような位置は関係ないかというと、そうではありません。やはり奥に座る人は自然と会話のリーダーとなり、残りの2人のうち、リーダーから遠い位置に座った人はコミュニケーションからはずれる可能性が高くなります。ということは、3人のグループの場合で、3人がA、B、Dの位置に座った場合、このようなコミュニケーションになると考えられます。

10番

学生が、ゼミで青少年の生活意識に関する調査の結果について話しています。
図の [C] に入るものは、どれですか。

女子学生：今回私は、青少年の生活意識に関する調査をしたのですが、どのような結果になったのか、皆さん、ちょっといっしょに考えてみてください。まず、高校生の世代で最も多かったのは、何だと思いますか。
男子学生：うーん、「自分の趣味を大切にしていきたい」という答えですか。
女子学生：確かにそれも、ほかの世代とそれほど大きな差ではないものの、三つの世代の中では高校生の世代が最も多かったです。でも高校生の世代で最も多かったのは、「その日その日を楽しく生きたい」という答えでした。では、大学を卒業した世代で最も多かったのは何だと思いますか。
男子学生：「身近な人との愛情を大事にしていきたい」という答えじゃないですか。
女子学生：その通りです。そして、全体的にまだ若いせいか、「社会や人のためにつくしたい」という答えは、どの世代も1割未満でした。

11番

女子学生が、体温についてゼミで発表しています。

女子学生の質問の答えにあたるのは、どれですか。

女子学生：では、これから人の体温調節について発表します。このグラフを見てください。点線のグラフは脳が決める体温の変化です。脳が設定する体温をセットポイントと言います。そして、実線のグラフのほうは実際の体温の変化です。
男子学生：へえー。ずいぶん時間にずれがありますね。
女子学生：はい、そうですね。この時間のずれの間に体に変化が起こり、体温が上がったり下がったりするんです。
男子学生：なるほど。体はどんな変化をするんですか。
女子学生：はい。Aのようにセットポイントが上がると、体は周りの気温を実際よりも低く感じてしまいます。その逆に、Bのようにセットポイントが下がると、体は実際の気温より高く感じます。では皆さん、Aの時点で体はどんな変化を始めると思いますか。

12番

男子学生と女子学生が、ゲーム理論によるA社とB社の利得について話しています。
 a ～ d に入る数字が正しいものは、どれですか。

男子学生：この表は何を表してるの？
女子学生：A社とB社はどちらも出版社で、100万人の読者が特集記事の内容によって、どちらか一方の雑誌を買うんだけど、70万人が「ファッション」に興味を持っていて、30万人が「旅行」に興味を持っているとするでしょ。
男子学生：うん。
女子学生：そうすると、たとえばA社もB社も「ファッション」を特集した場合、70万人の半々をそれぞれが獲得できると考えるの。
男子学生：なるほど。じゃ、A社は「ファッション」を特集したけど、B社は「旅行」を選んだって場合は、全読者100万人から70万人を引いた残りがB社の利得になるわけだね。
女子学生：その通りよ。A社が「旅行」を選んで、B社が「ファッション」を選んだ場合は、その逆ってわけ。

男子学生：うんうん。じゃ、どちらも「旅行」を選んだ場合は、利得は同じってわけか。
女子学生：そういうこと。

13番

女子学生が、「防衛機制」について発表しています。男子学生が挙げたのは、何番の例ですか。

女子学生：「防衛機制」というのは、欲求が満たされないとき、その不安や緊張から、心が自動的に自分を守ろうとする働きを言います。それにはこの表のように、四つの代表的なものがあります。まず1番目の「投射」は自分がしたいと思っていることを、ほかの人もしたいだろうと考えることです。2番目の「反動形成」は物事が自分の思うように進まないと思ったときに欲求とは反対の行動をすることです。3番目の「同一視」は自分が憧れる姿をまねることで自分の欲求を満たします。4番目の「代償」は自分が苦手なことを、ほかの得意な分野で活躍することで補おうとするものです。では、皆さん、この中のどれかの具体的な例を考えてみてください。
男子学生：はい。カラオケに行くと好きなアイドルになりきって歌う女の子がいるんですが、これは……。

14番

男子学生が、ゼミで東洋医学における病気の見方について発表しています。
患者は、どのような状態の人ですか。

　風邪をひいたとき、風邪にきく薬として病院で薬をもらいますが、人は体質などそれぞれ異なるのに、出される薬は同じですよね。
　しかし、東洋医学においては、その人の体質に合った薬が選ばれます。この表のように、東洋医学では、病気の勢いや体調などをこのように分類しています。病気への抵抗力、病気の時期、患者の感じる熱、病気の位置から薬が考えられます。
　Aは、「虚・実」ですが、虚というのは病気への抵

抗力がない状態、実というのはその反対です。Bには、「陰・陽」という二つの漢字がありますが、陰は病気がなかなか治らない状態、陽は病気になったばかりの状態を示しています。このほかにも病気をみる基準がありますが、特にAとBが重要視されています。

では、医者の診断が「実・陽」の場合、患者はどのような状態の人になりますか。

15番

女子学生が、PM理論によるリーダーシップの類型について発表しています。
男子学生がこのあと話すのは、どの類型ですか。

女子学生：この図を見てください。これはリーダーシップ行動を「P機能」と「M機能」の2次元で説明したものです。「P機能」とは集団の目標を達成する機能のことで、具体的には、計画を立て、それに沿って実際の活動が進むよう、メンバーに指示や命令を与えたりします。一方「M機能」は集団を維持する機能のことです。集団や組織のメンバーが目標を達成する過程で起こる人間関係の問題を解消したり、モチベーションを高めたりします。
男子学生：じゃあ、会社全体としての生産性は低いけど、社員の満足度は高いっていう会社の場合は……。

16番

男子学生が、世界各国の家計に占める金融資産についてゼミで発表しています。
男子学生が配った資料の中で、最後に学生が話題にしている国は、どの国ですか。

それでは、これからの日本人の金融資産の運用について発表します。この資料をご覧ください。日本の金融資産を見ると、預金・現金を半分以上の割合で持ち、投資関連の資産は少ないことがわかります。私はこれから日本人が資産を増やすためには、その資金をもっと投資関連に回して運用すべきだと思います。
でも、預金や現金の割合を10％前後に落とすのは問題だし、投資関連が半分以上の割合を占めるというのも、適切な運用ではないと思います。年金は現状のままでいいとすると、やはり参考になるのはこの国ではないでしょうか。

17番

女子学生が、ゼミで年齢と能力の関係について発表しています。
男子学生が最後に話している人材は、どのような人ですか。

女子学生：年齢と能力には大きな関係があります。左のグラフを見てください。これは年齢と新しいことを吸収する能力の関係を表したものですが、ちょっとおもしろいんです。25歳の吸収能力を1とすると、およそ5年ごとに吸収能力は半分になっていきます。
男子学生：つまり、30歳には25歳の半分の吸収能力になるってわけですか。
女子学生：そうです。60歳では、25歳の128分の1になるわけですね。
男子学生：えー！
女子学生：ですが、組織を動かすマネジメント能力は年を取るにつれて伸びていきます。それを表したのが右のグラフで、25歳のときの能力を1とすると、60歳ではなんと78125倍になるのです。
男子学生：経験が長くなればなるほどマネジメント能力は伸びるということですね。
女子学生：そうです。この二つの能力が交差するのが38歳頃なのですが、全く新しい仕事を始めるのは、この頃が限度で、それ以降はそれまでの知識や経験を活かしてマネジメントの仕事をするのがいいということが言えます。
男子学生：じゃあ、ある企業が新しい事業部を立ち上げるためのリーダーを選ぶ場合、この表をもとに考えると、こういう人がいいってことかな。

18番

男子学生が、オーダーメイド医療について発表しています。

男子学生が今後の課題だと考えているのは、どの部分ですか。

男子学生：それでは、オーダーメイド医療について発表します。自分の体に合った薬を作ることをオーダーメイド医療と言います。そして、それはこのような順序で作られます。まず、不特定多数の人、これは健康な人も病気の人も合わせてですが、そのゲノムを集め解析し、その情報をデータ化します。次に、その解析結果から、ある病気に関係のある遺伝子の情報を明らかにします。そして、この結果をもとに、その遺伝子のタイプに合わせた薬を開発していきます。最後に患者のゲノム解析を行えば、その人にぴったりで、効果が上がり、副作用などが少ない薬を選ぶことができるのです。

女子学生：すみません。ちょっといいですか。とてもすばらしい医療だと思いますが、その個人情報を知られることで、何かトラブルが起こりませんか。

男子学生：ええ、そうですね。実際にアメリカでは、この個人情報を知られることで、いくつかの問題が起こっています。ここは今後、きちんと考えていかなければならない重要な課題だと思います。

19番

学生が、発表しています。
問題の答えは、どれですか。

　えーと、これは300年くらい前に関孝和（せきたかかず）という人が考えた数学の式です。ご覧のように、全部漢字で縦に書いてあります。例のところを見てください。これを西洋の数学に置き換えると、このようになります。まず縦線ですが、これは本数分の数字をかけるという意味です。この例では縦線が横に2本ありますから、2をかけます。甲はx、乙はyになります。甲と乙を横に並べると、xとyをかけるという意味になります。また甲の下の巾（べき）は甲が2乗になるということです。つまりxが2乗になります。えーと、ですからこの例を西洋の数学の式に変えると、$2x^2y$になります。

　では、下のこの問題の答えは何になるか、皆さんちょっと考えてください。

20番

男子学生が、ある島の鳥の生息種数について説明しています。
男子学生が最後に話すのは、どのような島ですか。

男子学生：えー、このグラフを見てください。縦軸は絶滅していく種の数と大陸からある島に移入してくる鳥の数、移入種数を表しており、横軸はその島に存在する鳥の数、生息種数を表しています。この、イとエの線は移入種数と生息種数を表したもので、移入種数はその島が大陸から近いほうが多く、遠いほうが少なくなります。

女子学生：つまり、イが大陸から近い島、エが遠い島、ということですね。

男子学生：そうです。で、ウとオの線は絶滅種数と生息種数を表しています。島が大きいと、エサが豊富で隠れる場所も多いため、絶滅種数は少なくなります。

女子学生：では、ウが小さい島で、オが大きい島を表しているわけですね。

男子学生：そうです。移入種数は時間が経つほど少なくなり、絶滅種数は多くなります。そして、二つの線が交差するところがその島の生息種数を表しています。四つの島の中で、一番生息種数が多いのは……。

実践編 講義

1番

先生が、図を描きながら天気予報の用語を説明しています。
先生は、このあと何と言いますか。

　天気予報で「曇り一時雨」とか「曇り時々雨」「曇りのち雨」というのを、皆さん聞いたことがあると思います。
　天気予報で使う「一時雨」や「時々雨」などというのは、雨の回数や量を表すのではなく、雨の時間の長さを表します。「一時」という用語は、ある現象が連続的に起こり、それが予報期間の四分の一未満のときに使われます。「時々」という用語は、ある現象が断続的に起こり、それが予報期間の二分の一未満のときに使われます。また、「曇りのち雨」の「のち」という用語は、予報期間の中で天気が変わるときに使われます。予報期間というのは、予報する対象の期間のことで、たとえば「明日の天気」として予報する場合、明日1日24時間ということになります。
　では、4月15日の例を見てみましょう。この図から考えると、15日の予報は……。

2番

大学の先生が、「地域づくり活動の発展」について講義をしています。
先生の話によると、この勉強会の活動に自治体が資金面で協力したのは、A～Dのどの部分ですか。

　今日は地域づくりの発展について、「シニアＳＯＨＯ普及サロン」という活動団体の例を挙げながら講義を進めていきます。では、レジュメの図をご覧ください。この団体はビジネスから引退した人たちがパソコンを教え合う勉強会からスタートしました。次第に発展し、地域の人々も参加し始め、地域で注目を浴びるようになりました。この団体が地域活動に貢献していることを市が知り、市がお金を出すようになりました。それで、ＮＰＯ法人化され、市の市民向け講座の一つとして勉強会を開くことができるようになりました。その活動をマスコミが注目したことで、さらに、他の地方自治体や企業からもパソコン講師派遣の依頼があり、あちこちで勉強会が開かれることになりました。このようにこの活動団体は仲間同士の勉強会からさまざまな地域に貢献できるまでになったのです。

3番

先生はよい作品を書くためには、何が一番大切だと言っていますか。

　では、作品を書くときのプロセスについて考えてみましょう。まずは、いろいろなアイデアをもとに、作品の構成・内容を考えます。そして、それをもとにすぐに書き始める人が多いのですが、その前に仲間と話し合いをするのがポイントです。これは、自分一人のアイデアでは限りがありますが、他者と対話することで、多様な見方ができ、自分では気づかなかった点が見えてくるからです。それから、書き始めます。しかし、書いたら終わりではなく、自分が書いたものを丁寧に読み直す、これが最も重要です。自分で声に出して読んでもいいですし、また、仲間に読んでもらってもいいでしょう。仲間が読んでいるのを聞きながら、また新たなアイデアがわいてくることもあります。
　こうしたプロセスがよい作品を書く力になっていくのです。

4番

栄養士が、学生食堂主催のセミナーで話しています。学生たちに最も気をつけてほしいのは、どれですか。

　ここ数年、健康ブームのためか、食生活に気を配る若い人が増えています。このグラフを見てください。これは男子大学生のデータですが、栄養のバランスを改善したいと答えた人の割合が最も高いという結果が出ていますね。2位や3位の項目も含めると、全体としては、何を食べるか、どう食べるかについて改善したいと考えている人が多いことがわかります。
　でも、私が学生の皆さんに特に注意してほしいのは、こちらなんです。このグラフで見ると、最も注意されていないということがわかりますが、実はこれをぜひ守っていただきたいんです。なぜかというと……。

5番

大学の先生が、東京の都心環状線(としんかんじょうせん)という高速道路に関する図を見せながら話しています。
先生が問題点として説明しているのは、図のどの部分ですか。

　これは都心環状線を利用する車の内訳をわかりやすい図にしたものです。内々交通というのは東京の中心部の中だけを移動する車です。内外交通というのは中心部の外から中心部内へ入ってくる車です。通過交通というのは中心部には用事のない車で、ただ通過するために都心環状線を使っている車です。渋滞の原因はここにあるわけで、つまりこれらの車は本来、東京中心部を通らなくてもいいわけです。これらの車による渋滞の問題を解決するには、都心環状線の外側にバイパスや環状道路をつくることなどが必要になります。

6番

先生が、コミュニケーションにおける問題について話しています。
先生がよくする失敗は、A～Dのどこに原因がありますか。

　コミュニケーションは受信者と発信者のやり取りで行われますが、そこで起こる問題の原因はさまざまです。最近は、外国の人とのコミュニケーションも増えていますが、そういう場合は、特に問題が起こりがちです。
　発信者が日本人で受信者が外国人、そして日本語で話す場合を考えてみましょう。まず発信者は相手の日本語能力を推測して、適切な日本語で話さなければなりません。また、何をどんな順番で説明するかも大切ですね。受信者のほうは、相手が何を言おうとしているのか理解しようとすることが大事です。その上で、わからなかったときには相手に質問する力、これも大切ですね。
　私などは英語があまり得意ではないので、海外に行ったとき、相手が言ったことをよく確かめもせずに、つい何でも「yes、yes」と言ったりして、よく失敗することがあります。

7番

大学の先生が、災害について講義で話しています。
先生が最後に話す例にあたるのは、どれですか。

　一言で災害と言っても、災害が起こる場所や原因によって、表のように分類されます。気象災害は天候によって起こる災害で、大雨、台風、強風、日照不足などが挙げられます。海象災害は海で起こるもので、津波、高波、塩害などがありますね。地象災害は陸地で起こる災害で、地殻変動や火山噴火、地震などが挙げられます。これらはそれぞれ独立して起こるわけではなく、ある災害が起こることで、ほかの災害を引き起こす場合が多いです。たとえば台風による大雨で、山の斜面にある住宅地で土砂崩れが起こるということがありますが、この場合、A、B、Cのどれが関係していますか。

8番

先生が、国連について説明しています。
学生が取ったノートの①と②に入るものとして正しいのは、どれですか。

　国連は第二次世界大戦後の1945年に、世界平和の実現を主な目標として設立されました。加盟国は2010年現在で192カ国。さまざまな問題に取り組んできています。たとえば、紛争地、つまり、争いが起こっている地域へ軍隊や民間人を派遣したり、紛争をおさめたり、紛争の再発を防止したりします。これを平和維持活動といい、カンボジアでの活動などで知られています。また、内戦などで生まれた難民の面倒をみたり、彼らが祖国へ帰るのを助けたりします。また、発展途上国への経済的援助も国連の重要な仕事です。このほか、人々の権利、すなわち人権を守ること、環境を保護すること、すべての人が教育を受けられるようにすることなど、国連が取り組んでいる問題は山のようにあります。

9番

大学の先生が、話しています。
先生の質問に対する答えは、どれですか。

えー、これはコミュニケーションの相互作用モデルと呼ばれているものです。これはコミュニケーションは「意味を伝え合う」ということではなく、「そこにいる人々が共同で意味を作り出す過程」だという考えをもとにしています。意味というものが最初から決まっているのではなく、話し手の伝えたいことと聞き手の理解が重なって、そこに意味が作られます。

たとえば、スピーチをしたあと、「何か質問はありませんか」と言って、参加者から質問が出て、スピーカーが答えるというのは一方通行のやりとりですね。でも、この図のAがBにメッセージを送ったときには、Bはそのメッセージを言葉の意味、状況なども参考にしながら解釈します。

では、AとBが飛行機に乗る際、喫茶店の前で、Aが何か飲みたいと考えて、Bに「まだ時間があるね」と言ったときには、この考え方から、Bはどのように答えると考えられますか。

10番

先生が、図書館の司書の新しい役割について話しています。
その役割は、図の①～④のどの部分にあたりますか。

皆さんは「司書」をご存じでしょう。図書館にある本の専門家のことですね。えー、最近はどの図書館でも、利用者が自由にパソコンやカードなどから必要な情報を集めることができるようになりましたが、パソコンが使えない人に説明をしたり、利用者の相談に乗ったりということは、やはり必要で、これは従来、司書がやっていたことですね。しかし、これだけ情報が多い社会になってくると、司書がすべての情報を把握するということは不可能です。したがって、今後、各図書館の司書たちがネットワークをしっかりと作っていくことが大きな課題となります。どの図書館がどんな情報を多く持っているか、それを知って互いに情報を交換し合うことが利用者への大きなサービスにつながります。

11番

学生が、留学生就職ガイダンスに遅れて参加しました。
今、レジュメのどの部分の話をしていますか。

日本の企業社会には、留学生の皆さんには、ときどき理解しがたいことがあるかと思います。たとえば、いわゆるサービス残業とか、勤務時間外の付き合いなどですね。これは、いわば日本の労働慣習ともいうようなものですが、こういったことに対して理解しようとしない人は、企業側も採用後のことを考え敬遠しがちです。せっかく採用しても、すぐに辞められてしまっては、採用にかけた手間ひまが無駄になるからです。一方で、数カ国語を使いこなし、異文化に対する理解が深い人なら、企業も当然歓迎します。ただ、こういった能力をきちんと証明するものが要りますから、そのための資格を在学中に取っておくこと。これを皆さんにお勧めします。

12番

大学の先生が、言語の発達について図を描きながら講義しています。
このあと先生は、自分のロシア語の能力をどのように説明しますか。

えー、言語能力を見ていく際には、いろいろな考え方があります。今日は、まず四つの技能、「聞く・話す・読む・書く」に分けて考えてみましょう。上の図を見てください。左側は受信する能力、右側は自分から発信する能力です。上が音声ですから、左上には「聞く」力、右上には「話す」力、下が文字ですから、左下には「読む」力、右下には「書く」力が入ります。そして、これを円で表すと、四つの技能がすべて十分に発達している人は、Aのようになります。四つの部分が黒くなっていて、不十分を表す白の部分がありませんからね。

実は、私は2年ほど前からロシア語を勉強しているんですが、なかなか難しいですね。Bの図は私のロシア語の能力を表したものです。つまり、私のロシア語の能力は……。

13番

大学の先生が、12という数字の利点について資料を見せながら説明しています。
先生の質問の答えにあたるものは、どれですか。

人間が数を数えるとき、最も手近なものである指

の数を単位とします。これに合わせて5進法、10進法が世界のあちこちで発生しました。しかし、一方で12進法を使い出した人たちもいました。それには12という数字に大きな利点があるからです。まず、1番ですが、割り算がなかった時代、人数を見て物を分けるときには大変役に立ちました。次に2番です。たとえば縄に1、2、3、4というふうに目印をつけて、12の単位の縄を作っておきます。そして辺の長さが3と4と5になるような三角形を作れば、簡単に直角を作ることができます。さて3番ですが、これは言うまでもなく、カレンダーとしての大きな意味を持ちました。4番はいわば3番の発展した形で、現代でも時計などに使われていますね。

では、ここで皆さんに質問します。昔の人が大きな建物を建てるとき、最も役に立ったのは何番だと思いますか。

14番

大学の先生が、図を見ながら話しています。
先生がこのあとに話す内容は、どれですか。

　睡眠、つまり人が眠っている時間は、二つの状態に分けられます。一つは「ノンレム」という状態で、脳が十分に休んでいる状態です。もう一つは「レム」という状態で、脳は起きているが体は動かないという状態です。眠りについてからしばらくの間は「ノンレム」の状態が続き、60分ほどたった頃から「レム」に変わります。
　「ノンレム」と「レム」を合わせた1セットは90分ほどで、このセットが何回か繰り返されます。この表からわかることは……。

15番

学生が、ナノテクノロジーについての説明を聞きながらノートを取っています。
説明の中で聞き落としてしまったノートの空白部分は、どれですか。

　ナノテクノロジーの「ナノ」とは10億分の1を表す単位です。1ナノメートルは1メートルの10億分の1の大きさになります。ナノテクノロジーは分子や原子を1個1個見分けたり、その並び方を操作する技術です。この技術には、これまでにない性質を持つ素材が作られる大きな可能性が秘められています。ナノテクノロジーによって、いろいろなものがより小さく、より高性能になることから、情報技術、環境をはじめ、さまざまな分野で飛躍的な進歩が期待されています。たとえば、二酸化炭素を出さないエネルギーの開発、小さながん細胞を発見して医療に応用する技術などです。しかし、すばらしい技術というものは、同時におそろしい犯罪などに悪用される可能性も持っています。私たちは今まで以上に、科学技術と人類の幸福とのかかわりについて、よく考えなければならなくなっているわけです。

16番

先生が、ピアノの音について説明しています。
先生は、このあと何と言いますか。

　えーと、皆さん、ピアノの図の下の、表1を見てください。この表の平均律というのは、ピアノの音の振動数をわかりやすく数字にしたものです。音が高くなるほど、振動数は増えますね。ピアノというのは振動数を人為的に作ったものですから、このようにわかりやすい数字になっているわけです。しかし、もともと人間の耳がきれいだと感じる音は、もっと複雑な数字になってしまいます。そして、それに近いものがこの純正調の振動数です。純正調の振動数を見ると、ピアノとは大きくずれているところが2カ所ありますね。ほら、10以上も振動数が少なくなっています。それで、ピアノが入らないコーラスやオーケストラで演奏するときは、きれいに聞こえるようにこの純正調を使っていることが多いんですよ。
　具体的にどうするかというと……。

17番

大学の先生が、記号を用いた交流分析について説明しています。
先生が最後にする質問の答えは、どれですか。

　アメリカの精神分析医エリック・バーンは人間の心には、親、大人、子どものような三つの状態があると考え、それぞれをP、A、Cの記号で表し、さらにPを、批判的な親CPと、養育的な親NPに分け、Cを、

自由な子どもFCと、順応した子どもACに分けました。この五つの記号を用いれば、自分が人との交流においてどのようなコミュニケーションを行っているかを客観的に知ることができます。

　たとえば、友だち同士の会話で、エミコさんがユウコさんに「今日、ユウコの家に遊びに行ってもいい？」と聞いたとき、「えー？　明日、英語の試験じゃない。勉強しなきゃ。エミコも勉強しなきゃだめだよ」と言ったとしたら、二人のコミュニケーションの形はどれとどれになりますか。

18番

大学の先生が、虫の生存率の実験結果について説明しています。
先生が最後にする質問の答えは、どれですか。

先生　　：えー、この表を見てください。Aはコクヌストモドキという虫で、Bはヒラタコクヌストモドキという虫です。この2種類の虫それぞれを容器に入れ、さまざまな温度と湿度で、長期間にわたって飼育したときの両種の生存率を表したものです。この結果から、どのようなことがわかりますか。
女子学生：Aは温度、湿度ともに高いほうが生存率が高いですが、温度が低いと、湿度が高くても生存率は低いです。
先生　　：そうですね。では、Bのほうはどうですか。
男子学生：こっちは湿度の高さには弱いですが、温度が低ければ、湿度が高くても生存率が高いです。
先生　　：そうですね。では、温度が25℃で湿度が25％の場合、どのような結果になると考えられますか。

19番

大学の先生が、大都市の交通渋滞対策について話しています。
女子学生の提案は、どれにあたりますか。

先生　　：交通渋滞の解決策は二つです。道路の容量を大きくすることと車の数をコントロールすることです。そして、これをさらに二つに分けた四つの施策があります。ボトルネック解消施策は、今の道路を改良して使うもので、たとえば、広い2車線の道路を3車線の道路に直すことなどです。道路ネットワークの整備は、渋滞を避けられるような道路、たとえばバイパスなどを作ることです。交通需要マネジメント施策は、車の利用者に、車で通勤しないで、電車を利用してもらうようなことです。マルチモーダル施策は鉄道や船など、複数の交通機関との連携で、都市への車の集中を緩和する総合的な交通施策です。では、皆さんには何か、渋滞を緩和する具体的な例やアイデアがありますか。
女子学生：はい。私の家の近くには電車の踏切があって、毎朝電車が多いときには踏切があかずに車が渋滞します。こういうところには線路の地下を通るような道路を作ればいいと思います。

20番

大学の先生が、光ダクトシステムに関する図を見せながら話しています。
「減衰（げんすい）」を防いでいるのは、どの部分ですか。

　えー，この図は光ダクトシステムを説明したものです。太陽の光をそのまま採り入れて、地下室などの照明の代わりにするというシステムです。太陽の光、つまり自然光はこの採光部から採り入れられ、導光部を通ります。そして放光部から部屋の中へと光が放たれるのです。光は送られる距離が長くなると、明るさが減少したり、色が黄色っぽくなったりしますが、これを「減衰」と言います。このシステムでは減衰を防ぐために反射率95％の高反射率ミラーを使用しています。これによって採り入れられた光が減衰することなく長い距離を送られていくわけです。

21番

先生が、災害時に避難を妨げる原因について話しています。
先生が挙げた例は、図のどの部分に原因があると考えられますか。

災害時に避難を妨げる原因はさまざまです。人は、警報を聞いたら、まず、その情報を確認しようとします。確認に時間がかかり、避難が妨げられることもあります。次に被害の大きさを予想します。周りの状況や過去の経験などから、避難したほうがいいかどうか考えます。次の「正常性バイアス」ですが、これは異常な状況に気づいても、なぜか大丈夫だと思い込んでしまうことです。その結果、避難しないことがあります。えー、そのあと、実際に避難可能かどうか判断するんですが、避難場所が遠い場合などは、移動時の体力などを考えて避難しない人もいます。

避難を妨げる要因はこのようにいろいろありますが、さて、地震で避難しようと思ったけれど、避難場所がどこかわからなくて避難をしなかった人がいました。これはどの部分が原因だと考えられますか。

22番

大学の先生が、グラフを見せながら話しています。
先生が最後にする提案は、どれですか。

これはある渋滞ポイントの所要時間を、時間帯別のグラフにしたものです。縦軸はこの場所を通過するのに必要な時間、横軸は時間帯を表しています。横に1本、線が入っていますが、これはこの場所を通過する基準時間の線です。基準時間というのは渋滞がない場合に、この場所の通過に要する時間で、ここでは3分30秒ですね。このグラフを見ると、7時半から8時40分頃にかけての点は、基準時間よりも上にあります。つまり、この時間に渋滞が発生していると言えます。

では、この箇所の交通渋滞を緩和するのに、有効な手段は何でしょうか。道路を広くするなどはもちろん有効ですが、かなりのコストがかかります。

低コストで渋滞を解消するには、車の利用者に呼びかけて、協力を求めることが大切です。ですから私がこういう場所に提案したいのは……。

23番

大学の先生が、「快楽を楽しむ人々の発展」について講義をしています。
この先生が最後にする質問の答えは、どれですか。

われわれは何か楽しみたいと思い、さまざまな活動を始めようとしますが、それをゼロ段階としましょう。その際、周りにいろいろな条件や環境などが伴います。

図のように、活動を楽しむ段階は分かれています。依存段階は文字通り周りの人や自然、文化施設などに依存し、その恩恵を受けて人生を楽しむ段階です。

次に、自律段階は自分で必要な努力をして人生を楽しんでいる段階です。自然散策のために毎日早起きをし、体調を整えることなどがそれにあたるでしょう。

最終段階は貢献段階です。自分だけでなく周りの人にも人生の喜びを味わってもらいたく、ボランティアなどで自分の能力を積極的に発揮し、他人が喜ぶことで自分も喜べるというのがこの段階です。

では、次のような人は図のどのタイプにあたるでしょうか。引退したオリンピック選手が小学校や中学校へ行って、子どもたちにその競技のおもしろさを伝えることを楽しみにしているのは……。

24番

先生が、ゼミでレポート作成についてアドバイスしています。
先生が挙げた例では、①、②、③の条件のうち、何が不足していますか。

皆さん、レポートで因果関係を述べるときには、このプリントにある「成立条件」を参考にしてください。

以前、少子化についてのレポートで「男女雇用機会均等法」という法律と「日本の少子化」には因果関係があると書いた人がいます。この法律は、企業の採用や勤務条件の男女差をなくすものですから、女性も男性も仕事では同じ成果が求められるようになりました。ですから確かにそれが原因で「少子化」が始まったと考えられます。そしてこの法律は、これまでに改正も行われています。

しかし、そのレポートでは、この法律が施行、改正されてから、少子化がどう進んだか、また、ほかの原因として出産や育児をめぐる経済的な問題などがなかったかについては、触れられていませんでした。それでは「この法律と少子化には因果関係がある」と言い切れませんね。

25番

大学の先生が、図を見せながら説明しています。
先生がこれから説明する仮説は、どれですか。

　いつ頃、日本に人類が出現したか、またどんな人間だったかについては、まだわかっていません。しかし、数万年前まではたどることができます。この図を見てください。これを見ると、約20万年前に人類の転機があったことがわかります。この頃原人は姿を消し、新人が出現しています。また、旧人は一時期新人と共存しましたが、やがて滅亡し、地上のすべてが新人になりました。このことから次のような仮説を立てることができます。すなわち日本の人類は……。

26番

大学の先生が、「孫子の戦略論」について説明しています。
先生がビジネスのことにたとえて説明しているのは、表のどれとどれにあたりますか。

　これは中国の『孫子』に書かれている戦略論を表にしたものです。これはもちろん、戦争をするとき、どのようにしたら勝てるかを示したものです。下の段の左側は戦わないで勝つ方法、右側は戦って勝つ方法です。では、これを現代のビジネスに置き換えて考えてみましょう。たとえば、新製品の開発に関して、ライバル社が先に新製品を発売してしまったとします。しかし、ライバル社の新製品の弱点を分析し、その弱点を補い、なおかつ自社の製品のよいところを打ち出すことができれば、発売が遅れたとしても、競争に勝つことができるでしょう。ですが、ライバル社の新製品の分析を行わず、自社の製品のよいところのみをセールスポイントとするなら、せいぜい半分のシェアしか得られないことになるでしょう。

27番

先生が、コミュニケーション・ネットワークについて説明しています。
先生が最後にする質問の答えは、どれですか。

　コミュニケーション・ネットワークとは、メンバー間でのコミュニケーションの仕方のパターンを表したものですが、このパターンの違いによって、集団の機能が変わることがわかっています。
　まず、伝達のスピードは、車じく型が最も速く、階層型は下へ行くほど時間がかかり、円型は伝わり方に偏りが生じる場合があります。くさり型は比較的速いですが、車じく型ほどではありません。しかし、メンバーの満足度は円型が最も高く、くさり型、階層型はやや低め、車じく型はかなり低いです。さらに、組織化の点から見ると、車じく型と階層型は早くて安定している一方、くさり型はやや遅く、円型は組織化されにくく不安定という特徴があります。
　では、ここで皆さんに質問ですが、メンバーの満足度よりも、正確で素早い課題解決および組織化が必要とされる組織の場合、どのタイプが最も適していると思いますか。

28番

大学の先生が、適度な運動について話しています。
このあと先生は、何と言いますか。

　はい、では表を見ましょう。適度な運動については、表の真ん中の段の「適度」というところを見てください。RPEが12から14、ややきついと感じる程度です。そのときの1分間の心拍数、つまり心臓がドキドキ動く回数は120から140になっていますね。この程度の運動を30分ぐらい毎日続けると健康にいいというわけです。
　えー、このRPEというのは、運動をしている人が「きつい、つらい」と感じる強さを表した数字で主観的なもので、運動中に「きつい」と感じても、心拍数がたいして上がっていないということもあります。しかし、それは例外的な場合で、ふつうはRPEと心拍数との変化の仕方は、年齢、性別にかかわらず、ほとんどの人に共通した一定の関係があります。つまり、心拍数が増えるにつれて……。

29番

大学の先生が、ウサギの色を決定する遺伝子について説明しています。
先生が最後にする質問の答えは、どれですか。

先生　　：えー、この図のアルファベットはウサギの色の遺伝子を表したもので、ラージAは黒の色素を作る遺伝子、スモールaは白の色素を作る遺伝子で、ラージEは黒を灰色に変化させ、スモールeは色を変化させません。そしてラージ遺伝子が優性です。たとえば、図の一番左上を見てください。ラージAAとラージEEの遺伝子を持つウサギは何色になるでしょうか。ラージAは黒の遺伝子ですが、ラージEは黒を灰色に変える遺伝子ですから、灰色のウサギ、ということになりますね。では、左から2列目の一番下はどうでしょうか。これはラージA、スモールa、スモールeeの遺伝子を持っています。ラージが優性で、スモールeは色を変化させないわけですから、これは黒、ということになりますね。ではここで質問ですが、白のウサギになる遺伝子の組み合わせは、この表の中に何カ所ありますか。
女子学生：先生、ラージEは黒を灰色に変えるんですよね。白は変えませんね。
先生　　：はい、そうです。

30番

大学の先生が、図を見せながら話しています。
先生は、人間が成長するには何番と何番が最も大切だと言っていますか。

　われわれ人間には三つの世界が存在します。知性的世界、心理的世界、物理的世界です。
　上の二つは相互作用し、下の二つも相互作用します。したがって、心理的世界は最も重要なものと言えます。たとえばテレビで料理番組を見て知性的世界が刺激を受け、料理を作りたいと心理的世界で思います。そして、物理的世界に働きかけ、肉体を使って料理を作り出すわけです。
　逆に、空腹という物理的世界からの働きかけによって、心理的世界で何かを食べたい、という気持ちになるかもしれません。このときに、何でもいいから近くにある物を食べる、とは物理的世界に戻るということで、ここには人間の成長があまりありません。
　何か食べたいから自分で料理をしようと心で考え、料理の本から知識を得て頭で理解し、またこの料理を作りたいと心で思うことで人は成長するのです。